AF245870

ÉLOGE

DU PÈRE LACORDAIRE

DISCOURS

Qui a obtenu une Églantine réservée

Par M. Henri DELPECH

De Montpellier.

TOULOUSE,

IMPRIMERIE DOULADOURE;

ROUGET FRÈRES & DELAHAUT, SUCCESSEURS,

Rue Saint-Rome, 39.

1869.

Messieurs,

Les sociétés humaines, naissent, grandissent et passent. La société religieuse est et demeure. Distinctes par leur nature et leur objet, mais également nécessaires pour composer l'être humain et satisfaire toutes ses aspirations, ces deux sociétés sont, comme l'âme et le corps, inséparables et souvent en lutte, sœurs et rivales à la fois. Aussi l'Eglise a-t-elle toujours veillé à entretenir une sympathie mutuelle au-dessus de leur indépendance respective. C'est la mission qu'elle a confiée à ses apologistes. De nos jours, le danger dont ils ont à défendre le monde moral consiste moins dans une hostilité ouverte que dans l'indifférence. L'humanité grandie croit pouvoir se suffire, et considère la foi comme inutile au progrès. Le soin de l'apologiste moderne n'est pas d'arrêter le mouvement des esprits, mais de l'éclairer. Il s'efforce de dégager le lien qui rattache le progrès à la foi.

Telle est la tendance qui paraît avoir dominé en Lacordaire. Sa prédication eut pour objet de détromper l'humanité, non de la maudire ; il consacra sa vie à ramener l'opinion plutôt qu'à la combattre, et, pour nous attirer vers Dieu, son cœur ne cessa pas d'aimer les hommes. Tout se résumait chez lui en une grande médiation. C'est aussi un médiateur entre le progrès et la foi que je vais m'efforcer de mettre en lumière en étudiant la vie, l'âme, les œuvres de l'illustre Frère Prêcheur HENRI-DOMINIQUE LACORDAIRE.

Quand Dieu envoie un homme il lui fait sa place, et nul moment ne fut plus propice que celui où parut Lacordaire pour porter le premier coup aux préventions de la liberté contre l'Eglise. La violence avec laquelle l'esprit moderne avait accompli sa rénovation sociale nous avait jetés dans des antagonismes et des luttes sans fin. Des désordres de 1793 était sorti le mouvement autoritaire du premier Empire, et la seconde crise libérale (de 1830) avait aussi suscité une réaction conservatrice. Dans cette série d'oscillations, les passions s'étaient lassées, les illusions dissipées, et l'on commençait à sentir la nécessité de ne progresser qu'en respectant. En présence de cet apaisement des esprits, l'Eglise, que l'impétuosité du premier essor libéral avait d'abord mise en garde, pouvait enfin se départir de ses légitimes défiances. Aussi, de 1830 à 1850, voyons-nous se dessiner, entre le monde politique et le monde religieux, une tentative de rapprochement, une période de trève, qui n'est pas encore la paix, mais qui semble en être le précurseur. D'abord, en 1830, trop confiante en elle-même, la politique humaine cherche dans ses seules forces les éléments de la stabilité ; puis, vers 1840, désillusionnées par l'expérience, les âmes éprouvent un scepticisme et un malaise qui, sans être la foi en Dieu, ne permettent déjà plus la foi aveugle dans les hommes ; enfin la secousse inattendue de 1848 montre dans l'élément religieux une base sociale aussi nécessaire que négligée.

Illusion, déception, réaction, tels furent les trois pas de l'ordre social vers l'ordre moral. Le clergé de France y répondit par trois attitudes d'une remarquable sagacité : la première pleine de réserve, la seconde d'énergie, la troisième de sympathie loyale. C'est en prêtant à cette tactique le concours de sa puissante personnalité que Lacordaire accomplit son œuvre. Là est l'unité de sa vie, la logique de ses actes. Qu'il me soit donc permis d'analyser, l'histoire à la main, chacune de ces trois phases, soit dans l'esprit public, soit dans la vie de celui que je veux louer.

Malgré l'importance du mouvement intellectuel et politique de 1830, il est difficile de contester aujourd'hui que la génération de cette époque ne s'exagérât et ses forces et ses espérances. Le principe de la souveraineté nationale, tel qu'on le comprenait alors, supposait une confiance absolue dans la sagesse de la nation. Les esprits les plus positifs, confiants dans ce principe et dans l'habileté des hommes éminents qui devaient l'appliquer, croyaient désormais assuré l'accord du peuple et de la dynastie. Quant aux âmes ardentes, rien ne peut donner une idée de l'étendue de leurs illusions. C'était une rénovation soudaine, absolue, qu'elles rêvaient dans l'ordre religieux, po-

litique, social (1), artistique même (2). Un pareil
enivrement ne pouvait être favorable à la foi. Autant
l'humanité présumait de ses propres forces, autant
elle dédaignait l'appui du sentiment religieux. Entraîné
par une prospérité inouïe vers une activité toute positive, porté par les récents événements à établir une
espèce de solidarité entre l'Eglise et le parti vaincu,
l'esprit public réagissait contre le Ciel aussi bien que
contre le passé politique. Jamais peut-être la pensée
de Dieu n'occupa moins de place dans les aspirations
du progrès. Lacordaire n'était pas à l'abri de cet entraînement. On peut même dire qu'il dut consacrer à
s'en dégager toute la première moitié de son existence
(de 1802 à 1832). Retracer cette période, c'est raconter en quelque sorte les préliminaires de son
apostolat, et c'est dans son propre cœur que nous
allons le voir préluder aux luttes de toute sa vie.

Lacordaire était né avec des tendances plus con-

(1) Théorie de Saint-Simon et de Fourrier. La naïveté des illusions de 1830 n'apparaît nulle part aussi vivement que dans cette
étrange tentative de réorganisation sociale. Il fallait que l'aveuglement et la bonne foi fussent bien grands pour que des hommes,
d'ailleurs éclairés, osassent mettre en commun, non-seulement
leurs intérêts, mais leurs affections et leurs passions. Le côté affectif de l'homme, qui en est le côté le plus personnel, est aussi par
la même raison le plus exclusif. C'était lui cependant que l'on croyait
transformer d'un mot en adoptant la communauté des femmes. Il y a
là une tentative où l'esprit public ne vit qu'un sujet de plaisanterie,
où la critique doit voir l'expression la plus exaltée des illusions de
l'esprit humain, puisque ce n'était pas un acte de folie. La philosophie allemande, qui sapait à cette époque la personnalité divine,
avait produit sur notre esprit positif une tendance très-sérieuse à
diviniser l'homme. La littérature de cette époque manifeste à tout
instant cette pensée que les passions sont non seulement bonnes,
mais divines, et que leur satisfaction est en soi un acte méritoire,
un culte. (Voyez Eugène Sue (Juif errant), Th. Gauthier (Fortunio),
G. Sand (Lucrezia Floriani, Jacques).

(2) Romantisme.

formes qu'on ne croit à celles du siècle dernier. Il avait
les mêmes dispositions à aimer les hommes comme
nous devons aimer Dieu, à espérer le progrès du seul
essor de l'humanité sans le concours du ciel. Confir-
més par l'éducation publique de son temps, ces instincts résistèrent à l'influence d'une mère chrétienne,
à l'entourage profondément religieux qui accueillit Lacordaire à Paris, lorsqu'il y vint compléter ses études
juridiques. En 1822, il était encore un enfant con-
vaincu du xviiie siècle. Mais il était pressé par le double aiguillon des grandes âmes, la solitude et la tristesse, et toute joie terrestre semblait se voiler pour
lui. Lui, si grand artiste et si ardent ami, a confessé
qu'à cette époque les jouissances de l'art et celles de
l'amitié cessèrent de le toucher (1). Une raison de
glace, qui retombait sur une imagination de feu, le
dégoûta de la vie. Sans y toucher, il la parcourut
d'un regard et la dédaigna. Cependant ses méditations
se concentrèrent sur le problème social, qui était la
grande question du jour. Spiritualiste par instinct, il
chercha au dedans de l'homme les éléments de son
bonheur, même matériel. Mais l'âme, aux prises avec
les passions, lui parut incapable de le réaliser sans
le secours d'une puissance surnaturelle ; et il comprit
la révélation religieuse comme une nécessité sociale.
L'amour de l'humanité le conduisit donc à s'élever
au-dessus de l'humanité. En cherchant l'homme, il
trouva Dieu. Ainsi s'accomplit spontanément cette
transformation morale que l'influence du milieu n'avait
pas pu opérer en lui ; et quand elle fut mûre, une
larme venue d'en haut compléta l'œuvre, en révélant

______

(1) (Chocarne, *Vie de Lacordaire*, tom. i, pag. 3. Mémoires
inédits de Lacordaire).

au penseur le secret de la tendresse divine. Il crut. Entre la foi et le sacerdoce il n'y eut qu'un pas.

Mais il ne faudrait pas supposer que ses instincts fussent aussi rapidement changés que ses opinions. Pendant huit ans encore (de 1824 à 1832), nous allons voir la nature se débattre contre la grâce et ne céder qu'à l'évidence des faits. Deux grands actes remplissent cette période, le procès de l'*Ecole libre* et la rédaction du journal l'*Avenir*. Ils concourent à l'œuvre future de Lacordaire en l'entourant de la popularité qui devait en faciliter l'accomplissement, mais en lui dévoilant aussi ce qui restait en lui des influences du temps.

Pour Lacordaire (ainsi que pour son siècle) l'illusion qui dominait en 1830 consistait en une confiance excessive dans l'essor nouveau que paraissait devoir prendre l'humanité. S'il se séparait de l'opinion publique en ce qu'il rattachait le progrès aux germes semés par le Christ, sa confiance n'en était que plus grande, parce qu'elle remontait à une source surnaturelle. Aussi, lorsque la Constitution de 1830 promit la liberté d'enseignement, Lacordaire crut voir Dieu lui-même se faire sa place dans la loi. Aussitôt il voulut se mettre à l'œuvre pour répandre, par l'éducation, la foi dans les âmes. Chaque instant de retard lui semblait coupable. Le pouvoir différait d'accomplir sa promesse, Lacordaire attaqua le pouvoir. Il ouvrit une école et mit la loi dans la nécessité de s'expliquer. On a mis en lumière ce qu'il y avait de méritoire à presser ainsi les progrès de la liberté. Il est peut-être plus instructif de remarquer ce que cette attitude avait de conforme aux illusions du moment, où l'on ne croyait plus aux obstacles matériels depuis que l'humanité paraissait avoir trouvé son centre de gravité.

Les âmes généreuses et les imaginations exaltées tressaillirent sans doute à ce spectacle inouï d'un prêtre couvrant la liberté de l'éclat de son éloquence, devant la plus auguste assemblée de la nation. Mais, si l'on considère sa conduite au point de vue pratique, on reconnaîtra qu'elle trahissait l'oubli des conditions positives du problème à résoudre. Lacordaire comptait sur le réveil de l'opinion pour presser le législateur. Mais si l'esprit public était, comme lui, plein de confiance dans la sagesse humaine, il n'éprouvait pas les mêmes dispositions à l'égard de l'influence religieuse. Dans Lacordaire elle applaudissait le grand artiste, le libéral, mais non le prêtre. Avant d'introduire la foi dans l'éducation, il devait la ramener dans les sympathies publiques ; et ce résultat devait, à lui seul, absorber presque toute sa vie. Il se levait donc vingt ans trop tôt et commençait par où l'on devait finir. C'est en cela qu'apparaissait chez lui (comme chez tous ses contemporains) le côté hâtif, impétueux des chimères du moment.

Cette observation nous semble ressortir encore mieux des théories qu'exposait Lacordaire dans le journal l'*Avenir*. L'opinion fut sans doute éblouie en y voyant paraître un Chrétien libéral qui, non content d'accepter la liberté de la presse, usait de cette arme avec autant de bonne foi que d'éclat, un prêtre qui répudiait la protection du pouvoir. Mais approchons de ce tableau la lumière du bon sens et de la raison catholique. Instruit par les derniers événements des inconvénients d'une trop grande intimité entre l'Église et l'État, Lacordaire en sollicitait la séparation absolue, soudaine, réalisée par le refus du budget des cultes. C'était appliquer les chimères à ce qui les comporte le moins, les finances. En cette matière, on ne supprime pas une ressource sans s'imposer le devoir de la remplacer par une autre. Or, le seul fait d'organiser un système de dîmes volontaires, pour subvenir aux frais du culte, supposait l'accomplissement préalable dans nos mœurs d'une révolution qui n'est pas encore réalisée de nos jours. Enfin la manière brusque et violente dont on voulait opérer cette réforme s'éloignait de l'esprit catholique autant qu'elle se rapprochait de l'esprit du temps.

Le sentiment religieux ne peut contribuer au bonheur terrestre que par l'éducation des âmes. L'Eglise n'a donc ici-bas qu'un seul moyen d'influence durable, la persuasion. Force lui est de se résigner à un progrès lent et successif, puisqu'elle doit suivre pas à pas la marche si lente de la vérité dans l'esprit humain. Ce n'est qu'ainsi qu'elle peut arriver à s'affranchir par degrés de toute immixtion temporelle, par un accord pacifique avec l'Etat, en lui démontrant qu'il n'a rien à redouter de son indépendance. Montrer de l'antipathie aux pouvoirs publics serait au contraire justifier leurs préventions, et les rejeter, sous prétexte de légitime défense, dans les moyens matériels qu'ils possèdent pour intimider les agitateurs des âmes. En sollicitant à Rome l'adoption d'une espèce de programme officiel de rupture avec l'autorité civile, Lacordaire appelait précisément l'Eglise à cette attitude hostile qui aurait retardé son émancipation en jetant la défiance entre les deux pouvoirs. Toute nation catholique, dont le développement moral n'aurait pas été assez avancé pour subvenir au déficit des charges du culte, serait restée dépourvue du bienfait de la foi, dans le temps où la société était minée par les aspirations les plus subversives. On aurait ainsi imprimé une brusque secousse à l'esprit public, au moment même où les gouvernements avaient le plus de peine à le contenir. A ce point de vue, il est vrai de dire que rompre trop violemment avec une politique déterminée, c'est encore faire de la politique. Or, cette voie est précisément celle dont l'Eglise tend à s'éloigner. Le plan de Lacordaire était donc contraire à l'esprit comme aux intérêts de l'Eglise. Il n'était qu'un retentissement des illusions du jour au fond du sanctuaire.

Si donc nous voulons résumer, avec leur vraie signification, les deux brillantes mais stériles entreprises qui illustrèrent la jeunesse de Lacordaire, nous dirons qu'elles lui acquirent une popularité qui devait plus tard seconder son influence, mais qu'elles lui montrèrent aussi combien il appartenait encore à son temps par le côté hâtif, impétueux, chimérique.

Ainsi, nous venons de conduire parallèlement Lacordaire et son siècle à la même situation morale sous la date de 1830. C'est en présence de cet ensemble d'hostilités ou d'illusions que l'Eglise dut adopter une attitude. Elle se prononça pour l'abstention. La liberté entendait se passer de la foi, la foi répudia toute solidarité avec la liberté, et attendit du temps sa justification. L'épreuve ne pouvait être longue ; car on devait prévoir que l'esprit positif de notre nation, impatient de donner à ses théories une application pratique, y trouverait l'infaillible correctif de toute illusion, l'expérience. Pour triompher, il suffisait d'attendre. Telle fut la règle tracée au clergé de France, règle qui imposait à Lacordaire le sacrifice formel de ses aspirations. Là fut la circonstance décisive pour son avenir. L'arrêt de Rome l'éclaira comme une révélation soudaine, en faisant appel à ses facultés pratiques. Un éclair de bon sens dévoila Lacordaire à lui-même. Il sentit s'éveiller en lui une seconde nature humble, réfléchie, défiante des mirages de son imagination, et sous le rêveur l'homme se dessina. Durant quatre années, il prit possession de lui-même lentement, sûrement. D'abord, il douta de lui jusqu'au désespoir; puis il espéra à la condition de trouver un appui; enfin l'appui fut trouvé, redouté, proclamé, embrassé. C'était le cloître. Caractère, talent, tout s'abdiqua. Quand sa voix avait déjà rendu la vie à la chaire, quand ses instincts de lutteur avaient déjà réveillé l'opinion, il étouffa sa voix, ensevelit sa volonté dans un cloître d'Italie qui pouvait être un tombeau. Il immola tout sans distinction, bien et mal, projets et rêves, mission et vanité, ardeurs et génie, plume et parole, tout le moi préféré, pour trouver la seule chose qui lui manquait, une direction.

A cette heure d'illusions générales où l'Eglise devait se taire et attendre, il attendit et se tut.

Jamais soldat ne s'était mieux anéanti dans la pensée de son chef, jamais sacrifice ne fut plus douloureux (1) et plus fécond. Alors fut fondée la gloire de Lacordaire.

C'est dans ces conditions que Lacordaire partait pour l'Italie en 1836. Une rapide expérience lui avait révélé l'entreprise à laquelle il était appelé, et les puissants moyens dont il disposait pour l'accomplir; mais elle lui avait appris en même temps ce qui manquait à son succès, à savoir, sa propre maturité aussi bien que celle de l'opinion. Il allait acquérir la pre-

---

(1) « *Tandis qu'il ne m'en a rien coûté de quitter le monde, il m'en* » *a coûté tout d'ajouter au sacerdoce le poids de la vie religieuse.* » (Lacordaire. — Mémoires.) *Le Père Lacordaire,* par M. le comte de Montalembert, pag. 109.

mière dans la vie du cloître tandis que le temps t les
événements devaient réaliser la seconde.

Lacordaire aspirait à ramener en France les ordres
monastiques. — Pour atteindre son but, il entrait dans
l'ordre de saint Dominique en stipulant la restauration
de la province de France anéantie depuis les temps
révolutionnaires. Ce fut une cohorte exclusivement française que celle des Piel, des Hernsheim, des Re-
quedat, qu'il appela auprès de lui pour composer le
premier corps des novices. On eût dit une invasion en
règle qui s'armait hors de nos frontières n'attendant
que le signal de l'attaque. A ce point de vue, le choix
même de l'ordre adopté est significatif. Tous les instituts réguliers représentent spécialement la partie
militante du clergé, soit par leur discipline sévère et
souple, soit par leur subordination directe à l'initiative
romaine. Mais il faut bien reconnaître que l'ordre dominicain répondait mieux que tout autre au plan de
Lacordaire. Il était à la fois le plus discrédité, le plus
libéral, et le plus militant. Nul souvenir ne pouvait être
plus douloureux pour la société moderne que celui de
l'Inquisition. Le jour où les portes de la France s'ou-
vriraient pour les religieux héritiers de ce souvenir on
pouvait pressentir que les autres ordres ne trou-
veraient plus d'obstacles, et le clergé régulier tout
entier devait passer par la brèche qu'allait ouvrir Lacordaire. D'autre part, il importe de préciser que
nul institut ne reproduit plus fidèlement dans son organisation intérieure notre esprit de démocratie. Là,
le pouvoir est donné par un vote et chaque chef est
soumis au contrôle d'un corps délibérant également
sorti de l'élection (1). Au plus fort des préventions de

(1) L'ordre entier est divisé en provinces, chaque province en
couvents. A la tête de chaque couvent est un prieur conventuel élu

la liberté incrédule, Lacordaire pouvait, en lui ouvrant
le livre de sa règle, lui montrer comme un reflet de
son esprit et de sa vie. La largeur des institutions do-
minicaines semble avoir acquis à ce corps étrange je
ne sais quel don d'assimilation avec les milieux qu'il
veut dominer. Tandis que d'autres instituts religieux
semblent constitués dans un esprit d'autorité immua-
ble, et emprunter leur force à une opposition perma-
nente avec leurs adversaires, l'histoire nous montre fré-
quemment les Dominicains combattant les ennemis de
la foi avec leurs propres armes et les suivant sur leur
terrain avec une merveilleuse mobilité. Actifs et pratiques au sein de l'hérésie sociale des Albigeois, nous
les voyons en présence des aberrations intellectuelles
du xiiie siècle devenir tout à coup des docteurs réfléchis, des hommes de spéculation. Lorque l'Université de
Paris croyait devoir protéger la philosophie contre elle-
même en lui interdisant l'étude d'Aristote, c'est par
l'étude d'Aristote que les Thomas d'Aquin, les Albert-
le-Grand éclairaient la philosophie (1). De nos jours
nous allons encore voir l'ordre de saint Dominique
ramener la liberté par la sympathie plutôt que par
l'anathème. Si le rapprochement ne devait pas paraître trop profane, je voudrais comparer la milice
dominicaine à un corps d'éclaireurs toujours en

par les religieux de la maison. A la tête de chaque province est un
prieur provincial élu par une assemblée des prieurs conventuels
auxquels on adjoint un député de chaque couvent. A là tête de l'ordre
est un maître général élu par une assemblée des prieurs provinciaux
auxquels on adjoint deux députés de chaque province. Des chapitres
généraux contrôlent et assistent l'administration du maître général,
des chapitres provinciaux celle du prieur provincial, des conseils
conventuels celle des prieurs de couvents (Chocarne, vie du P. Lacordaire, t. i, p. 384.)

(1) Cousin (Histoire générale de la philosophie p. 237 à 240).

excursion sur le territoire ennemi pour y fonder des colonies militaires qui domptent les populations en se les assimilant.

Mais nous avons dit que, non content d'organiser les moyens extérieurs de son œuvre, Lacordaire avait encore à accomplir sa propre réforme intérieure. Là il s'appliqua à vaincre, par le détachement et l'abnégation, cette confiance excessive, cette impétuosité qui avait causé ses premiers échecs. La mortification devint chez lui plus qu'une habitude, un besoin, une passion. On le vit, dans une promenade champêtre, à l'aspect d'un buisson couvert d'épines, céder tout à coup à la tentation de la douleur, et se rouler au milieu des ronces comme s'il se fût abandonné à l'enivrement soudain d'une volupté irrésistible (1). La mortification du corps n'avait d'égale que celle de l'orgueil et du sens propre, et il acceptait avec humilité les témoignages de défiance que le souvenir de son passé éveillait parfois autour de lui. Au moment où il semblait le plus assuré de la confiance du Saint-Siége, un ordre subit lui enjoignait de disperser ses religieux dans des couvents éloignés. On le vit alors voler au devant de l'épreuve et la transformer ainsi en une victoire.

Tandis que l'ouvrier se préparait pour le grand jour, la moisson destinée à ses mains mûrissait en France. Aux approches de 1841, sous la pression des événements, l'opinion publique se transformait chez nous, et ses mécomptes dans la vie positive la rejetaient dans un ordre d'idées plus élevé.

La souveraineté nationale dont on avait tout espéré, accessible aux mêmes passions que l'individu, com-

(1) Chocarne (tom. 1, p. 372.)

promettait plus d'une fois l'ordre au dedans , la confiance au dehors, et ramenait la compression et l'isolement. Les utopies sociales s'affaissaient dans l'impuissance. L'art nouveau , en s'attachant à la réalité,
produisait plus souvent le vulgaire que le sublime.
La déception qui en résulta dans l'esprit public en-
fanta une réaction voisine de l'ingratitude , et l'on ne
sut pas assez de gré à la nouvelle politique d'avoir
fait des progrès réels dans la liberté , à notre jeune
école économique d'avoir fécondé les bases sociales sans
les changer, à l'esthétique nouvelle d'avoir rendu à
l'art la vérité et la vie. Je ne sais quelle irritation
gagna les masses. La minorité plus calme , qui s'ac-
commodait du progrès accompli , leur devint odieuse.
Sans partager ces sentiments , les esprits clairvoyants
ne purent se dissimuler l'égoïsme qui envahissait les
cœurs , le scepticisme qui glaçait les intelligences.

Le mouvement contre lequel on réagissait avait été
favorable au réel, la réaction se fit vers l'idéal. Elle
fut d'ailleurs puissamment stimulée par les instincts
de la nation. Il est en effet digne de remarque que la
France ne sait pas jouir de ses progrès. Douée d'une
mobilité inquiète, rêvant toujours quelque chose de
supérieur au possible , il lui suffit d'atteindre son
but pour en être désillusionnée. Par cela seul que
nous avions réalisé la prospérité rêvée, sa possession
engendra le dégoût. Elle ne pouvait d'ailleurs nous
suffire , car, profondément positifs et concrets par la
pensée , nous sommes au contraire idéalistes par les
instincts. Notre esprit était satisfait, notre cœur ne le
fut pas ; mais nul soulagement ne lui vint des œuvres
humaines. L'évangile nouveau n'avait jamais pu for-
muler son symbole et n'offrait au peuple d'autre culte
que celui des sens. Aux intelligences d'élite la philo-

sophie nouvelle n'avait même pas su donner l'illusion d'une croyance. Au lieu d'ouvrir à la pensée un de ces vastes champs qui, semblables aux méthodes de Descartes ou de Bacon, lui rendent l'activité et l'espérance, l'éclectisme avait fait la place au système absolu sans y marcher. En nous montrant la pensée humaine réduite à tourner éternellement dans un cercle assez restreint, il avait conduit les esprits philosophiques à la résignation et à l'indifférence. La métaphysique s'était évanouie dans l'érudition.

Alors, sans retourner à la vieille croyance, l'âme humaine sembla se reprocher de n'avoir pas su la dépasser. Les grands écrivains du temps laissèrent échapper des cris d'angoisse qui rappelaient les déchirements d'Augustin au pied de l'arbre où il attendait la foi (1). On eût dit que ces pèlerins de l'idéal, égarés à sa poursuite dans un désert sans fin, ne pouvant plus ni avancer ni retourner, s'asseyaient dans leur désespoir en interrogeant l'horizon de leur regard muet et désolé.

Cette heure solennelle fut pour l'Église et pour Lacordaire le signal d'une intervention énergique. Un fait précis vint la favoriser en plaçant leur effort sous l'égide de la liberté et de la justice.

D'après notre ancien droit national, un ordre religieux ne pouvait exister en France sans autorisation préalable. Des ordonnances royales, datées de 1828, en ressuscitant ces prescriptions, avaient retiré au plus puissant de ces ordres, avec le droit de présence sur notre sol, la faculté d'y enseigner. Légitime dans un état social où le clergé avait un rôle politique, cette

____

(1) Voyez Alfred de Musset, Rollin, Jouffroy (œuvres philosophiques). Georges Sand (Lélia).

loi n'avait plus les mêmes motifs sous le régime moderne qui ne lui reconnaissait aucune fonction constitutionnelle. Elle était même contraire à l'un des principes du nouveau droit public. La méthode de gouvernement avec laquelle nous tendons à rompre le plus formellement est en effet la méthode préventive qui asservit par prévision de la révolte. Appliqué au droit privé, notre nouveau principe se formule en laissant aux citoyens l'initiative dans l'usage de leur liberté, sauf à en réprimer les abus. L'intention coupable n'est plus présumée par la loi. On attend qu'elle se manifeste pour y croire et la poursuivre. En matière d'enseignement, la conséquence de cette théorie devrait être que tout citoyen, ecclésiastique ou laïque, a le droit d'enseigner sous le contrôle de la loi tant qu'il ne s'en est pas montré indigne par un fait personnel. Si donc les ordres religieux acceptaient le droit nouveau, ils devaient pouvoir en revendiquer les bénéfices, et être admis à former la jeunesse jusqu'à preuve d'indignité positive. Telle fut la demande du clergé lorsque, en 1843, le pouvoir voulut organiser en France la liberté d'enseignement promise par la Charte. C'était l'éducation monastique qui revenait en posant à l'État le dilemme suivant : si, fidèle à l'esprit de 1830, ce dernier se reconnaissait incompétent en matière religieuse, il devait laisser agir l'instituteur monastique comme tout autre citoyen. Déclinait-il au contraire cette conséquence de ses principes, il ne pouvait le faire qu'en maintenant au profit de la société laïque un privilége semblable à ceux que cette dernière reprochait à l'ancien régime. Le pouvoir devait donc laisser passer la foi sous peine de retourner à l'absolutisme.

Il comprit cette logique sans s'y résigner. Ne voulant

se prononcer ni pour la persécution ni pour la confiance, il maintint l'exclusion des ordres religieux, mais laissa espérer une réconciliation ultérieure. En attendant on atténua les rigueurs de la loi par la mansuétude des procédés. Mais l'opinion n'entendait plus cette politique mixte. Depuis 1830 elle avait changé. Rassurée vis-à-vis de l'Eglise par la manière dont celle-ci avait respecté la liberté, malveillante pour le pouvoir qui n'avait pas pu réaliser ses rêves, elle était moins sensible aux anciens griefs qu'aux nouveaux. Privée du bénéfice du droit commun, l'Eglise eut pour elle et les aspirations du jour et les principes éternels de la justice. Elle se trouva dans la position, si favorable en France, de l'opprimé.

Il y avait là de quoi changer un échec en victoire. C'était la situation que l'aigle de notre chaire couvait du regard du fond de sa retraite d'Italie. Contre quiconque hésite, l'audace est sûre du succès. C'est en présence d'un ennemi divisé que la grande stratégie sait se jeter en avant pour aller chercher les alliés timidés à la tête de toutes ses forces. Il devenait évident que le pouvoir ne consentirait jamais à se mettre en lutte avec l'opinion, et que celle-ci ne souffrirait pas l'expulsion violente de son orateur préféré venant demander à la France l'unique droit d'y vivre et d'y prier. Pour obtenir le droit de cité il suffisait donc de le prendre. Paraître, c'était vaincre. C'est pour cette grande stratégie que Lacordaire était né. Se jeter en aventurier dans des rangs divisés, montrer par l'audace et l'impunité les embarras de l'ennemi, enflammer de dédain pour l'étroite prudence humaine les âmes avides de liberté, écraser la légalité vieillie sous le triomphe de la justice, planer au-dessus des obstacles en cheminant dans les voies vertigineuses de l'éloquence et de la popularité, Lacordaire vit cela d'un coup d'œil, tressaillit, et parut.

Il y a des profondeurs dans l'audace, des ruses dans la témérité. C'est par l'opinion que Lacordaire avait résolu de vaincre l'incrédulité, et ce grand séducteur des masses eut pour elles des coquetteries sublimes. L'ironie, l'arme de l'incrédule, il la paralysa par la passion. Instruit qu'à l'instar des poltrons de Molière l'ironie n'avance qu'avec ceux qui reculent, avancer fut sa tactique, avancer avec cette soudaineté française qui déconcerte la résistance. La bure cessa d'être ridicule le jour où, proscrite, elle défia la proscription et se montra comme un drapeau d'indépendance au grand jour de la tribune chrétienne. Avec une remarquable sagacité, Lacordaire sut utiliser nos faiblesses et jusqu'à nos préventions. C'était un idéal impétueux et étrange que rêvaient nos âmes ardentes habituées aux épopées militaires, aux émotions poignantes de la place publique ; et ce fut une figure de tribun qui leur apparut dans la chaire. C'était un écho de leur tristesse que les âmes blessées sollicitaient en vain d'une société sans illusion ; et ce fut une longue confidence, un épanchement sans fin, que ces discours où Lacordaire cherchait moins à discuter qu'à se donner, à maudire les faiblesses qu'à montrer dans son cœur une place pour toutes les faiblesses. Alors que la liberté commençait à douter d'elle-même, c'est d'un cœur de moine que lui vint un cri de confiance et d'espoir. L'étonnement de la nation à l'aspect de ces loyales ardeurs fut celui d'un rival qui s'attend à défendre ses intérêts contre un négociateur habile, et se trouve en présence d'une nature pleine d'abandon et de feu. Sous l'empire des préventions du passé, le religieux était considéré comme un être sans fierté et sans cœur,

séparé de sa patrie par la force absorbante de son
institut , formé au servilisme, à l'insensibilité, par le
défaut de famille et les exigences de la règle. Ce fut
au contraire par le côté le plus national, le plus humain, que le grand moine se révéla dès son premier discours (1) où il ramenait la foi sur les ailes
de la gloire, le culte du ciel près de celui de la patrie,
et, par la plus habile flatterie de nos faiblesses, érigeait la France en soldat de Dieu.

Enfin, pour décider cette première surprise, ajou-
tez-y l'entraînement de la parole. L'écrivain n'a d'action que sur ceux qui lisent ; il ne les gagne que par
un travail successif et longtemps contesté , où , dans
le calme de la pensée , le lecteur se défie. L'orateur
surprend et domine. Maître de son heure, de sa forme,
de son milieu , il fait pour un instant une seule âme
de toutes les âmes. Ceux-là le savent qui ont connu
les entraînements de l'action , ces adhésions d'une
multitude enivrée qui déconcertent toute sagesse.

Nul fait n'est plus propre à nous expliquer la tactique de Lacordaire que le contraste qui existait alors
entre son empressement envers l'esprit public et son
indomptable fermeté à l'encontre des résistances du
pouvoir. Le port du costume dominicain était alors
proscrit par la loi et l'on supposait qu'il devait être
antipathique à l'opinion. Son apparition fit redouter
le retour des désordres de 1830. Le roi s'émut : pendant une heure , avec une insistance qui touchait presque à la menace, il pressa Mgr. Affre de ne pas laisser
paraître cette robe dans la chaire de Notre-Dame, et
l'archevêque ébranlé recourut à son tour à toutes les

(1) Discours sur la vocation de la nation française, prononcé à
Notre-Dame le 14 février 1841.

influences pour décider l'orateur à faire le sacrifice de son costume. L'amitié, la hiérarchie ecclésiastique, la souveraineté humaine, tout s'unit un instant contre Lacordaire pour une question de vêtement. Il fut inébranlable. Vous ne connaissez pas, répondait-il, l'entraînement populaire. « *Je ne laisserai pas à tout ce monde le temps de se reconnaître. A ma troisième phrase, je me serai fait dans leur cœur un asile sacré* (1). » Seul il avait le secret de cette grande stratégie qui triompha par l'audace même et l'étrangeté des moyens.

Les résistances du pouvoir se renouvelèrent lorsqu'il s'agit de fonder une maison de son ordre. Celles De Nancy et de Chalais furent l'objet de véritables mesures comminatoires. Impassible, Lacordaire achetait, meublait, installait, et attendait l'attaque de la légalité en s'appuyant sur l'opinion comme sur une épée. La légalité recula. Puis, un fois l'orage conjuré, préoccupé des ressentiments que son attitude énergique pourrait faire retomber sur son ordre, le fondateur ne songea qu'à s'anéantir dans l'intérêt de la fondation. Il écrivit à Rome pour déposer ses fonctions de provincial. Rome refusa.

On peut apprécier maintenant ce que l'œuvre de Lacordaire avait de personnel et d'original. Pour mettre en lumière le secret désir de réconciliation qui existait entre le monde et la foi, il avait osé rapprocher les deux adversaires. Il n'y a d'éternelles que les haines qui ne s'abordent pas. Mettre en contact des esprits prévenus, c'est leur montrer, sous les griefs qui séparent, la commune nature qui rapproche; sous l'instant de la passion, l'éternité de la tendresse humaine. Dans

---

(1) Lettre du P. Lacordaire à Madame Swetchine, du 12 novembre 1843. Lettre inédite du P. Lacordaire, du 3 novembre 1838.

l'éloignement de l'histoire, le moine apparaissait comme un souvenir des temps de servitude ; dans la perspective de la chaire il fut un objet de curiosité. Puis, sous l'énigme, l'homme apparut, semblable à tous et semblable à son temps. En croyant regarder un ennemi le siècle se reconnut. Des deux côtés les âmes généreuses se rapprochèrent. Alors se constitua d'une manière durable le parti qui poursuit, avec la même ardeur, le progrès et la foi.

Lacordaire ne put cependant entraîner les esprits positifs qui, n'ayant pas épousé les illusions de 1830, n'éprouvaient aucune déception. Ceux-ci, uniquement préoccupés des intérêts matériels, peu aptes à démêler le travail de démoralisation qui s'opérait en secret dans les âmes, attendaient pour apprécier le sentiment religieux qu'on leur en démontrât l'utilité pratique.

Cette démonstration sortit des événements de 1848. Comment une grande nation peut-elle subir en une heure la loi de la révolte ? Comment au contraire un élément moral peut-il donner la stabilité aux empires ? C'est ce qu'il importe de préciser ici.

La religion n'a pas de théories politiques, mais elle a des vertus politiques. Laissant à la raison humaine le soin de construire l'édifice constitutionnel, elle ne s'engage qu'à donner à cet édifice une base solide. Partie de ce principe que tout État pour progresser doit d'abord exister, elle réduit son œuvre à mettre sous les pas du pouvoir un sol ferme et uni. Elle interdit la révolte et ne permet de réformer que par la persuasion. Sans enchaîner les droits politiques, elle ne s'occupe que de régler les devoirs.

L'importance de cette modeste vertu du devoir ne se fait sentir que dans les rares occasions où les bases de la souveraineté s'ébranlent. Alors il y a une heure solennelle où le salut dépend d'une imperceptible oscillation des âmes placées entre le devoir et l'intérêt. Si ce dernier mobile prévaut, il faut choisir entre l'intérêt collectif qui commande le dévouement et l'intérêt privé qui souhaite l'abstention. Le choix est au moins douteux. On hésite. L'heure passe. La souveraineté chancelle dans le vide ; et le souverain que les hasards d'une émeute avaient banni de l'étroite enceinte d'une cité, se sent glisser, faute d'un point d'appui, hors du cœur d'une grande nation. Il n'est pas vaincu ; on le laisse tomber. Si chaque citoyen au contraire s'était cru appelé au dévouement par une loi morale, il aurait agi sans hésitation ; car hésiter c'est douter, douter du devoir c'est le trahir. Le propre de cette grande vertu du devoir est la simplicité dans l'action. Son chemin est tracé d'avance. Ni chef ni mot d'ordre ne lui est nécessaire pour déjouer les surprises, car elle porte avec elle son unité de commandement et d'obéissance qui lui donne une allure rapide, instinctive. Si soudaine que soit l'attaque, elle ne prend jamais la conscience au dépourvu. Dans cet élan général de fidélité nationale, toute révolte vient se perdre comme un torrent dans la paisible immensité des mers. C'est ainsi que le sentiment religieux, étranger à l'organisation théorique des empires, sait du moins leur donner des bases éternelles.

Ces réflexions apparurent le lendemain de 1848, amères comme un remords, fécondes comme lui. Ce fut l'heure de la réaction religieuse. La foi sourit à tous ; aux vaincus comme un dernier retranchement, aux vainqueurs comme l'élément de stabilité de leur nouvel édifice. Pour les âmes élevées, ce fut l'idéal sans danger ; pour les esprits pratiques la plus utile des institutions. Pour la première fois la liberté triompha sans blas-

phème, et le droit de croire fut peut-être le seul arti-
cle de la nouvelle constitution contre lequel nul ne fit
de réserves.

Dès ce jour l'œuvre de Lacordaire était accomplie. Son but, nous l'avons dit, avait été d'anéantir
dans l'opinion les préventions de la société moderne.
Or nous venons de voir comment, en s'appuyant sur
les faits, il avait démontré que l'Eglise n'a pas de
préférences politiques. Réservée, en 1830, envers la
liberté qui blasphème, elle s'était montrée confiante
et calme, en 1848, en présence de la liberté qui
croit. Sa conduite à l'égard du pouvoir civil ne s'é-
tait donc inspirée que de l'intérêt des âmes, non
de celui des partis. Sa prospérité persistante, même
au milieu des tourmentes révolutionnaires, prouvait
assez qu'elle ne cherchait pas l'appui de l'absolutisme.
Le vote de 1852, qui changeait notre forme de gouvernement, pouvait même fournir la preuve que la
nation se considérait elle-même comme moins mûre
que l'Eglise pour la liberté. Pour atteindre ces résultats, Lacordaire avait dignement rempli les trois pé-
riodes qui ont servi de cadre à ce récit : abstention à
l'encontre des illusions de 1830, intervention à la
faveur des déceptions de 1840, sympathie à l'égard
des réactions de 1848. Le succès avait couronné ses
travaux. Mais ce succès amenait un nouveau danger et
ce fut la gloire de Lacordaire de savoir s'en défendre.

L'humanité est toujours excessive dans ses tendances. L'opinion ne put pas revenir à la foi sans la
mêler à ses préoccupations politiques, et Lacordaire
fut appelé par le suffrage universel à représenter la
nation à l'assemblée constituante. Surpris par un
retour de ses instincts de 1830, il reprit dans l'*Ere*

nouvelle la plume du journaliste. C'était ressusciter sous une autre forme les difficultés des anciens temps. Dans la vie publique, quiconque aspire à la popularité doit se résigner d'avance à la perdre un jour, car l'inconstance est le propre de l'opinion. Dix jours suffirent à Lacordaire pour en faire l'épreuve. Le 5 mai 1848, l'Assemblée constituante en inaugurant ses travaux, venait, sur les marches du palais Bourbon, recevoir les acclamations du peuple. La robe blanche du moine signalée, entourée, fut l'objet d'une véritable ovation. Le 15 mai le peuple venait dans la même enceinte se donner la honteuse joie d'insulter ses mandataires. Des degrés les plus élevés où il siégeait, le moine vit les gestes les plus menaçants le désigner aux ressentiments des masses. Son regard attristé mais profond contemplait cette vague qui passe et qu'on appelle l'œuvre humaine. Sur cette base ondoyante et diverse comment fonder l'éternelle cité de Dieu? Le lendemain Lacordaire quittait l'Assemblée. Le journalisme lui montra les mêmes passions; il lui répondit par le même sacrifice, et regagna cette région intermédiaire entre la terre et le ciel où Dieu l'appelait comme un éternel trait d'union entre les deux puissances.

Il importe en effet de constater que, si Lacordaire a conquis la sympathie du monde moderne par sa sollicitude pour le progrès terrestre, il a compris la nécessité d'élever ce sentiment au-dessus des partis en se dégageant de leurs calculs et de leurs intérêts. Ses yeux ne pouvaient se détacher des révolutions humaines, mais il les contemplait du point de vue du ciel. Il se passionnait en s'abstenant. Ce fut la règle de sa vie. Non content de se séparer du monde par le sacerdoce, il répudia d'avance toutes les dignités par ses vœux monastiques. Dès 1827, au sortir du sémi-

naire, on le vit refuser les fonctions d'auditeur de
Rote auprès du Saint-Siége qui l'auraient conduit infail-
liblement à l'épiscopat (1). Tandis qu'il se défendait
des ambitions officielles, il sut se dégager même des
faveurs, plus séduisantes pour lui, de la popularité. Ce
serait mal le défendre que de se dissimuler le goût instinctif qui l'entraînait vers l'arène politique. Mais ce
serait lui refuser toute justice que de méconnaître
l'obstination avec laquelle il arracha de son cœur cette
moitié de lui-même. Trois fois l'homme de passion
parut briser le frein, chaque fois l'homme de Dieu
le resserra avec plus de promptitude et de fermeté.
En 1830 ses préoccupations politiques avaient duré
deux ans, elles furent de quelques mois en 1848, en
1852 on pourrait à peine signaler un mot de regret
dans le dernier discours prononcé à Paris (2).

De tout ce qui précède, nous pouvons conclure que
dès 1850, Lacordaire avait accompli son œuvre ; mais
tant qu'il vécut, il ne cessa pas de la féconder. Non
content de propager les monastères dominicains à Fla-
vigny, à Paris, à Toulouse, à Saint-Maximin, il en-
treprit de montrer le côté le plus positif de la réconciliation entre le monde et la foi par l'introduction
de cette dernière dans l'éducation publique. Cette pensée ne l'avait jamais abandonné. Dès 1830, nous avons
constaté ses efforts prématurés pour introduire l'école
chrétienne dans l'école libre. En 1838, lorsqu'il demandait à Rome la résurrection de la province dominicaine en France, un des droits qu'il faisait le plus
expressément introduire dans ses pouvoirs était celui
de fonder des colléges. On sait l'ardeur avec laquelle

(1) Chocarne, t. 1, p. 93.
(2) Sermon de Saint-Roch.

il encourageait en 1843 et en 1850 la campagne que soutenait son ami M. le comte de Montalembert en faveur de la liberté d'enseignement. En 1852, après être descendu de la chaire de Notre-Dame avec autant de simplicité qu'il avait mis d'ardeur à y monter, Lacordaire se consacra définitivement à sa pensée de prédilection en fondant à Oullins le tiers-ordre enseignant. Enfin, le 8 août 1854, il prenait personnellement la direction du collège de Sorèze. Cette série de dates dégage éloquemment l'importance qu'il attachait à son entreprise. La mort ne lui a pas laissé le temps de nous montrer comment il l'aurait accomplie. Nous ne pouvons savoir si cette nature impétueuse aurait eu l'art délicat et patient de l'éducation, mais nous devions du moins rendre justice à la pensée généreuse qui l'animait.

Arrêtons-nous un instant pour considérer dans son ensemble cette grande vie et en dégager la pensée dominante. Ce fut, je l'ai dit, une pensée de médiation entre l'Eglise et l'Etat. C'est elle que l'Académie consacra en ouvrant son enceinte à la robe du moine qui en était restée bannie pendant le long règne de l'intolérance laïque ; c'est encore elle qui trouva un organe éloquent dans le discours de M. Guizot (1), dont la présence dans ces lieux témoignait assez haut du triomphe de l'esprit de tolérance et de charité. Cette grande scène semble couronner l'existence de Lacordaire comme son idéal et celui de notre temps. Mais si Lacordaire a secondé l'apaisement général, reconnaissons qu'il a obtenu ce résultat par un procédé essentiellement militant. On dirait, en effet, que toute

---

(1) Discours de M. Guizot à l'occasion de la réception du P. Lacordaire à l'Académie. (*Moniteur* du 25 janvier 1861.)

réconciliation a deux phases : la première affronte les ressentiments et s'ensevelit en quelque sorte dans son triomphe, tandis que la seconde, moins héroïque et plus tendre, vient en recueillir les fruits (1). La première seule put convenir au caractère de Lacordaire ; son éloquence fascinatrice paralysa les ressentiments et emporta les sympathies de haute lutte. Il apparaît dans l'histoire des âmes, non comme un médiateur apaisant qui désarme par l'influence intime et patiente, mais comme un séducteur audacieux qui arrache le pardon plutôt qu'il ne l'obtient. Il a fait violence à nos cœurs.

On raconte qu'au moment où il allait paraître devant Dieu, la nature semblait le disputer à la mort. Une lutte terrible s'engagea entre cette âme et les liens de chair qu'elle voulait briser. Dans les déchirements de l'agonie, revenant par instants à lui-même, l'orateur se soulevait ; il ouvrait ses grands yeux et les promenait autour de lui, étonné de se trouver encore au nombre des vivants. Alors, levant les bras, de cette voix dominatrice qui avait tant de fois fait violence à la terre, il interpellait le ciel : *Mon Dieu !* criait-il, *ouvrez-moi ! ouvrez-moi* (2) *!* Le voilà tout entier cet apostolat irrésistible et pressant. Il y a des ardeurs qui sont des vertus ; il y a des vies qui maîtrisent la terre et font violence au ciel.

Quant aux conséquences de la médiation de Lacordaire, elles présentent un double aspect. Leur côté

(1) On croirait voir le type de ces deux influences dans les deux grandes figures oratoires du P. Lacordaire et du P. de Ravignan. Le dernier, moins impétueux et moins fascinateur, mais intime et profond par son action, gagnait à la fois par le charme et par la réflexion.

(2) Chocarne, t. 2, p. 369.

purement religieux , trouvera naturellement sa place dans les conclusions de ce discours , mais nous devons préciser ici un résultat plus immédiat , plus humain et non moins fécond. Lacordaire nous paraît avoir secondé le rapprochement du monde moderne et de l'Eglise en conciliant à cette dernière la popularité. Au moment où nos révolutions semblaient avoir frappé le catholicisme au cœur en lui retirant toute vie publique, l'orateur populaire lui a trouvé une nouvelle base en remplaçant son autorité politique par l'autorité morale. En cela , il a obvié à la plus dangereuse crise du monde religieux dans les temps modernes.

Remarquons, en effet, que la prédication de Lacordaire a exercé son influence sur les âmes ardentes, plutôt que sur les esprits calmes et réfléchis ; qu'il a donc été l'apôtre des majorités (1). Aujourd'hui comme autrefois , on voit des esprits méditatifs et solitaires agiter avec doute le problème religieux ; mais le phénomène que Lacordaire a fait disparaître de notre vie extérieure est cette antipathie instinctive que la foule manifestait encore en 1830 à la vue du costume ec-

---

(1) Assurément l'auditoire de Lacordaire n'était pas un auditoire d'ouvriers ; mais son talent oratoire était bien moins apte à influencer les esprits abstraits et froids que les natures concrètes , les âmes expansives. Or , ces dernières, qui sont en majorité en France , même dans les hautes classes , sont aussi celles qui ont le plus d'action sur l'opinion et sur les classes inférieures. C'est en ce sens que nous croyons pouvoir dire que Lacordaire eut le don de l'apostolat des masses plutôt que celui des salons. Il semble le reconnaître lui-même lorsqu'il écrit, le 26 octobre 1857, à Mme de la Tour du Pin : « *C'est une chose singulière que j'aie trouvé dans l'aristocratie mes meilleurs amis... moi si peu en rapport avec le monde et les salons.* » Ce fait ressort d'une façon plus énergique du mot que M. Lacointa surprenait sur les lèvres d'une femme du peuple le lendemain de la mort du P. Lacordaire : « *Abion un rey , l'aben perdut* : Nous avions un roi , nous l'avons perdu. » Lacordaire était réellement le roi de la popularité.

clésiastique, c'est cette affectation de dédain pour le
prêtre qui alors était de bon goût dans nos salons et
au sein de notre jeunesse. Grâce à lui, les âmes généreuses ne sont plus prévenues contre le sacerdoce.
Les accusations d'hypocrisie sont devenues surannées ;
le moine a perdu son impopularité ; l'opinion lui ap-
porte son appui respectueux.

L'opinion se lève comme le médiateur à venir de la
grande lutte du sacerdoce et de l'empire. Au moyen
âge, les peuples, incapables de défendre leurs droits,
intéressaient l'Eglise à leur vie politique pour en recevoir en échange une certaine protection morale
contre les abus du despotisme. Mais aujourd'hui ils ré-
pudient comme un empiétement cette même immixtion
de l'Eglise dans l'ordre civil, qu'ils avaient autrefois
sollicitée. L'Eglise se trouve donc privée de tout appui
terrestre. En 1830, on a pu la voir délaissée à la fois
et par le pouvoir et par les masses. C'est alors que
Lacordaire est intervenu. A l'aide de sa popularité,
il lui a rendu la faveur de l'opinion au moment
même où l'opinion devenait le roi du jour. Nos hommes d'Etat savent de nos jours qu'on ne résiste pas
impunément à l'empire des majorités, et toute leur
science consiste à s'en concilier les sympathies. C'est
ainsi qu'en 1848, on les a vus rechercher auprès de
l'Eglise une alliance dont ils semblaient rougir en 1830.
Dans cette double sympathie de l'esprit public et de
l'Etat, l'Eglise retrouve son ancienne importance, et
l'on n'exagère pas en disant qu'une persécution paraî-
trait maintenant plus qu'une faute, une impossibilité
politique. L'Eglise de France doit donc à Lacordaire
un nouvel élément de stabilité aussi fort que le précé-
dent, plus sûr peut-être, car il est à l'abri des varia-
tions du pouvoir. La foi n'est plus dans les consti-

tutions, mais elle est dans les cœurs. Bien hardie sera
la main qui viendra l'y chercher.

Messieurs, nous venons de voir se dérouler une
grande vie. Elle offre des traits si étranges, qu'on
éprouve le besoin d'observer de plus près le caractère
dont elle est l'ouvrage, car on pressent qu'il devait
avoir reçu, pour la réaliser, des dons exceptionnels.
C'est sur eux que je désire maintenant attirer votre
attention. Passant de l'étude historique à l'analyse in-
dividuelle, je vais concentrer mes regards sur l'âme
de Lacordaire. Dans cette âme, qui fut sans détours,
mais non sans mystères, je veux retrouver en germe
les grands faits de l'existence publique que nous connaissons maintenant.

Si Lacordaire a su détruire les préventions du monde
moderne, c'est qu'il a possédé le secret de gagner sa
confiance avant de l'attirer dans la voie du devoir. Il
y a réussi par l'influence d'un génie à la fois sympathique et dominateur qu'il importe d'analyser. L'homme
intérieur chez Lacordaire semble composé de deux
organismes distincts. Ses premiers mouvements, dans
leur spontanéité native, offrent un être complet ayant
son unité de conceptions et de sentiments, et assez favorable au courant des idées de notre siècle. Mais au-
dessous de cette surface morale veille un second être
aussi réfléchi que le premier est soudain, aussi tenace
que le premier est mobile. Plus lent, mais plus fort,
il se dégage par degrés, et finit par dominer la personnalité primitive. C'est lui qui ramène au devoir
les âmes ardentes que le premier mouvement avait
d'abord séduites. Ce dualisme fécond, je crois l'aper-

cevoir dans toutes les facultés de Lacordaire, daus son caractère, son esprit, son cœur.

Doué d'un immense ressort moral, Lacordaire était également propre à lutter et à supporter (1). Mais le premier essor de son énergie, stimulé par l'ardeur du tempérament, était plutôt actif que passif ; plus enclin à l'offensive qu'à la défensive. Polémiste par instinct, le champ de bataille l'enivrait, et dès ses premières luttes au barreau, il se disait capable de *tenir tête au sénateur romain* (2). Mais si l'obstacle persistait, le lutteur changeait d'attitude ; il se repliait sur lui-même pour lasser ses adversaires par l'obstination. Sa passion se faisait patience ; alors il était invincible.

C'est par cette double tactique qu'il put maîtriser l'opinion. En 1830, on le vit d'abord se prodiguer dans une polémique de journaux sans attendre le mot d'ordre de Rome. Mais alors apparurent les véritables difficultés, et tout à coup son énergie s'ensevelit dans l'abnégation. Après avoir tourné ce sentiment contre lui-même, il en fit sa règle de conduite à l'égard de ses adversaires et de ses supérieurs. Dans la chaire, l'apôtre remplaça le polémiste, et jamais une préoccupation de défense personnelle n'échappa à cette grande voix qui aurait pu exercer de terribles représailles, imprimer des stigmates indélébiles. A Rome, il ne plaidait sa cause que par la soumission. Loin de s'offenser des légitimes appréhensions qu'entretenait le souvenir de son passé, il se rapprochait d'autant plus qu'on se réservait davantage, et lassait les précautions par le dévouement.

(1) Montalembert, p. 172.
(2) Idem, p. 27.

L'intelligence de Lacordaire offrait un phénomène tout aussi étrange : esprit concret et positif, il était toutefois, par le premier mouvement, accessible aux rêveries et aux chimères.

Avide de lois générales, emportée par l'ardeur du tempérament, sa pensée s'abandonnait volontiers aux tendances déductives qui devancent l'expérience et affirment ce qui n'est encore que pressenti. Alors, son premier mot était aussi le dernier, et il entrait trop d'émotion dans sa spéculation. Lorsqu'il s'abandonnait à cette aptitude, ses conceptions n'étaient pas toujours exemptes de hativeté et d'excès. Peu apte à dégager l'abstrait, il n'y parvenait que par un effort d'esprit qui dépassait le but. Confus s'il s'efforçait d'être profond, subtil s'il voulait être complet, sa logique offrait alors une surabondance de divisions et de points de vue qui la dépouillaient du mérite essentiel de la logique, la simplicité. S'il tournait sa pensée du côté du beau, il y apportait plus de fécondité que de mesure, plus de puissance que de goût, plus de création que de critique (1). En un mot, sous l'empire de ces dispositions trop synthétiques, sa pensée offrait quelque chose d'excessif et de précipité.

On conçoit aisément que cette hativeté de la réflexion devait paralyser les facultés analytiques. Alors, le jugement, devancé par l'imagination, pouvait se laisser éblouir et surprendre par des utopies séduisantes ; leur aspect subtil ou téméraire éveillait même en lui une certaine hardiesse d'esprit capable de tout mettre en question et de tout oser, et il s'est bien jugé lorsqu'il a dit : « *J'ai l'âme extrêmement religieuse et l'esprit très-incrédule* » (2).

(1) Montalembert, p. 145 à 147.
(2) Chocarne T., p. 41 (Lettre du 10 novembre 1823).

Mais la surprise ne pouvait être longue , et le bon sens reprenait vite ses droits. Il importe en effet de préciser que l'intelligence de Lacordaire était en réalité une intelligence concrète , pratique , incapable de s'égarer longtemps dans l'abstraction (1). Elle ne pouvait se défendre de ramener les conceptions à l'épreuve des faits , à l'expérience où toute chimère s'évanouit comme un rêve. Lorsque les rêveries de Lacordaire furent mises par la vie publique aux prises avec les objections de la réalité , le sens pratique s'éveilla tout à coup, maîtrisa sa pensée , régla sa vie. Quand il s'abandonna à la direction de l'autorité religieuse , à l'existence calme et réfléchie du cloître, sa pensée put se concentrer et prendre possession d'elle-même. Alors ses facultés analytiques prirent un merveilleux essor. Attirées par ses études morales sur le domaine de l'âme et des passions , elles y projetèrent de saisissantes clartés. Sans être un métaphysicien , Lacordaire devint un psychologue. Dans les mystères de la passion, quelle est l'ombre que son regard n'ait pénétrée , la crise innommée que sa main n'ait dévoilée ?

Son esprit acquit même plus de portée et d'étendue. Observant mieux , il compléta par l'analyse ses aptitudes synthétiques , et s'expliqua les grandes lois par leur fonction en remontant des faits à l'ensemble. Artiste et moraliste au suprême degré, après avoir nettement dégagé le bien et le beau, il saisit par eux le lien qui les rattache au vrai. Il se complut , sur les traces de Bossuet, à rechercher le côté universel des choses , leur trame commune ; à voir dans le monde créé un écho du monde incréé, dans la vie des corps une sœur de la vie des âmes. Ses aperçus théologi-

____

(1) Montalembert , p. 71.

ques s'élevèrent parfois à des échappées aussi origi-
nales que profondes. Dans les procédés arides de la
scolastique, son penchant l'entraînait toujours vers la
subtilité. Mais lorsque, invoquant en même temps les
lumières de la foi et celles de la charité, l'observation
et l'intuition, pensant en un mot avec toute son âme,
il cherchait une solution, non en docteur, mais en
ascète, il arrivait parfois à des aperçus qui rappellent
le coup d'œil de saint Augustin.

Mais c'est surtout par le côté moral qu'il importe
d'apprécier Lacordaire. Pour accomplir sa mission,
il devait s'intéresser à l'humanité sans se laisser entraîner par elle ; aimer la terre, mais l'aimer en Dieu.
Dieu sembla avoir préparé ce résultat en le douant
d'une âme tendre, mais incapable de la vie sociale. Il
eut l'intelligence de la société avec le don de la solitude.

Pour se plaire dans la vie d'ici-bas, il faut quelques
illusions et beaucoup de modération dans les désirs.
Lacordaire n'eut ni l'un ni l'autre. Des aspirations
trop hautes, secondées par un jugement trop pénétrant, lui montrèrent, dès le premier coup d'œil, la
médiocrité de la vie du monde et l'en dégoutèrent.

Il n'en avait d'ailleurs pas le tempérament. Irrégu-
lier et concentré dans ses impressions, il manquait de
cette égalité d'humeur et de langage qui soutient
l'échange incessant des relations. L'amitié ou une
grande secousse morale avaient seules le don de l'arracher au silence (1). Ardent et soudain par les formes,
il ignorait cet art des nuances sociales qu'il appelait :
l'art des ombres (2). Impétueux et méditatif à la

(1) Chocarne, tom. II, pag. 88.
(2) Lettre à Mme Swetchine, 20 juin 1842.

fois (1), enclin à passer de la solitude absolue à l'existence la plus active, il ne pouvait s'accommoder de ce qu'il y a de permanent et de fixe dans la vie moyenne. Elle était pour lui à la fois trop soutenue et trop vide.

Enfin sa sensibilité excessive acheva de l'en détacher (2). S'il est des natures heureuses qui aiment sans effort comme elles vivent, certaines âmes ne peuvent aimer sans souffrir. La naissance d'une affection produit en elles un émoi général, et les sentiments qui s'élèvent alors ont quelque chose d'inquiet et de tumultueux qui les ébranle. L'émotion surabonde; elle se replie sur elle-même et trouble tout. Lorsque l'âme humaine est atteinte de ce défaut, elle comprend qu'elle dépasse le diapason de la sensibilité commune et qu'elle ne sera pas comprise. Il lui vient comme une fausse honte de son ardeur; et plutôt que d'éveiller l'étonnement ou le ridicule en s'avouant, elle aime mieux se taire et se cacher. Au dedans s'agite un orage qui absorbe toutes les facultés actives; au dehors c'est le calme plat. On dirait plus que de l'indifférence, de la raideur. En présence de ce qu'elles aiment, ces âmes blessées restent interdites et muettes; et tandis que leur plus grande joie serait d'épancher l'émotion qui les oppresse, leur plus grande appréhension est de la laisser deviner. Et pourtant ces déshérités de la terre comprennent l'inconséquence de leur cœur; car aimer c'est tendre à s'unir, tandis que leur fausse honte les condamne à un perpétuel isolement. Las de tourner dans ce cercle vicieux, ils se dégoûtent de la vie. Alors, si Dieu a mis dans leur cœur le goût du ciel, celui-ci leur apparaît sous la forme du repos et

(1) Montalembert, pag. 206.
(2) Chocarne, tom. I, pag. 44.

de l'épanchement facile. En respirant cette atmosphère rafraîchissante, leur âme accablée tressaille tout à coup, comme si la vie lui revenait. Tandis que le ciel approche et resplendit, la terre pâlit à leurs yeux. Le détachement se fait. Sans prétendre appliquer à Lacordaire chaque détail de cette crise morale, nous inclinons à penser qu'il en subit l'influence. Une profonde impuissance de vivre dans notre milieu, un immense besoin de bonheur par la paix durent jeter cette âme hors de la vie sociale.

Mais une fois affranchi de tout contact douloureux avec la terre, Lacordaire n'en revint qu'avec plus de passion vers l'humanité. Si les grands cœurs rougissent de leur tendresse, ils ne se résignent pas à rester méconnus ; et faute d'oser s'avouer, ils entreprennent de se trahir par leurs actes. L'effusion refoulée se fait héroïsme. Il leur vient comme un besoin de communiquer au monde l'ébranlement de leur âme, de remplir la terre du cri de leur amour. Au fond de la solitude morale où il se nourrissait de sa tendresse, Lacordaire éprouva je ne sais quel besoin de revenir vers l'humanité par une espèce de représaille affective. Il l'étreignit de toutes les forces unies de la tendresse humaine et de la charité divine. L'aigle, alors qu'il guette sa proie, décrit au-dessus d'elle des spirales infinies, de plus en plus lointaines, et semble l'oublier en se perdant dans la nuée. C'est alors qu'on le voit tout à coup fondre sur elle comme un trait. Mais l'oiseau de proie, dans sa chute vertigineuse, n'a pas d'irruption assez foudroyante pour peindre le retour offensif par lequel Lacordaire revint étreindre l'humanité.

Nous venons d'embrasser d'un coup d'œil l'ensemble psychologique, l'âme de Lacordaire. Nous avons vu se dégager cette double tendance qui dominait en

lui. D'abord, sympathique à l'humanité, il laissait
échapper un penchant secret pour ses faiblesses. Puis,
s'élevant au-dessus de ses propres instincts comme
des entraînements extérieurs, maître de son milieu,
maître de lui, il domptait ses ardeurs, dissipait ses
chimères, élevait sa tendresse, ramenait tout à la
vérité et à la foi. Ses premiers mouvements étaient
comme une amorce divine qui attirait les âmes impé-
tueuses pour les entraîner ensuite dans la voie du devoir. Cet homme était fait de sympathie et d'autorité,
et tel était le rayonnement de cette double nature que
nous la retrouvons partout autour de lui, dans ses
opinions, ses habitudes, sa personne.

Nul n'ignore, par exemple, la mansuétude de ses
opinions théologiques ; sa théorie sur le grand nombre
des élus, son goût pour la liberté de conscience. Mais
ce que l'on oublie trop, c'est la forme austère qu'a-
doptait cette théologie dans ses conclusions pratiques.
Il résumait dans l'amour ses devoirs envers Dieu, mais
cet amour se traduisait pour lui en un immense besoin
de souffrir (1). Il érigeait cette règle personnelle en
méthode. La lutte avec soi-même était, à ses yeux,
dans l'ordre social comme dans l'ordre moral, l'unique régénérateur des âmes. Directeur des consciences,
il était partisan de l'austérité (2). Casuiste, ses solu-
tions étaient absolues, rigoureuses, inaccessibles aux
faux-fuyants. Ainsi, l'homme qu'il venait d'émanciper
par l'amour et la liberté, il le domptait par le sacrifice volontaire.

Plus que personne, Lacordaire avait horreur de la
routine. Il y paraissait bien à la forme littéraire de

(1 Chocarne, tom. ii, ch. 14.
(2) Chocarne, tom. ii, pag. 173, 174.

ses œuvres, à son dédain de la légalité minutieuse qui étouffe la justice. Tout en lui semblait primesautier et ennemi du joug. Et cependant, jamais homme n'a mieux senti la nécessité de l'ordre, ne s'est plus rigoureusement asservi à la règle. Non-seulement il lui avait voué sa vie en embrassant la profession religieuse, mais elle dominait jusque dans les moindres détails de son existence. Il observait sur sa personne une propreté attentive ; et l'aspect de sa cellule offrait cet ordre minutieux, cette symétrie de disposition qui annonce d'ordinaire un caractère positif et soumis (1).

Passionné pour la sympathie des masses, Lacordaire n'avait cependant nul égard pour cette popularité banale qui ne satisfait que l'amour-propre. Pour la flatterie sans amour il était de glace ; et l'on connaît ses silences impitoyables en présence des visiteurs que la curiosité seule attirait (2).

Jusque sur sa personne je veux suivre la trace de ce dualisme fécond. Son meilleur ami a dit qu'il était *charmant et terrible* (3), et je ne sais en vérité ce qui paraissait le plus en lui de la séduction ou de la puissance.

(4) Sur ce visage régulier, fin, délicat, une expression ouverte et vive, un sourire caressant et passionné font rayonner l'âme expansive de l'artiste. Mais regardez de plus près. Le front haut, pur et serré aux tempes, le regard fixe, profond, brillant, annoncent une âme fière, une intelligence active et observatrice

(1) Montalembert, pag. 181.
(2) Montalembert, pag. 182.
(3) Montalembert, pag. 14.
(4) Nous entendons décrire ici Lacordaire tel qu'il était en 1840.

qui, dédaigneuse de la rêverie, pousse jusqu'à la méditation attentive et sûre. Je ne sais quelle ardeur contenue contracte les narines, soulève près des joues des lèvres fortes, passionnées, mais non sensuelles, avec une expression de tendresse et de douleur résignée.

Etendez maintenant le regard sur la personne entière. Un corps élancé et bien pris, des mains fines et délicates, une tête petite sur un cou dégagé dominant un large capuchon avec une coquetterie féminine, des mouvements libres et vifs s'arrêtant à cette mesure heureuse qui fait la distinction, s'harmoniant d'instinct avec la draperie d'une robe blanche toujours immaculée, voilà l'homme. On eût dit un grand seigneur tombé dans les filets de Dieu. Sa démarche était fière, rapide, ferme. Une certaine hauteur d'ensemble contenait la grâce des détails. Je ne sais quel *Noli me tangere* se lisait en tout et mettait le respect à côté de la sympathie.

Jusque dans son entretien paraissait ce mélange d'attrait et de domination. Si nul n'a possédé dans l'intimité une élocution plus entraînante, jamais séduction ne fut plus empreinte d'autorité. Il y a un art de plaire en écoutant, une souplesse attachante qui suggère le mouvement sans l'imposer ; mais l'âme de Lacordaire était trop active pour posséder ce charme occulte. Jusque dans le silence on devinait encore l'activité de sa pensée à l'expression fixe et vivante de ses yeux. Parlait-il, tout devenait fascination. Le geste fier et fort pressait, mais n'implorait pas. Le regard restait attentif aux mouvements intérieurs. C'était lui-même qu'il écoutait, qu'il voyait. Par instants, l'émotion l'entraînait, il se levait et parlait en marchant. On devinait que son entretien ne pouvait être une patiente causerie, mais bien le monologue d'une âme puissante ; et nul n'aurait eu la pensée, je dirai presque le courage de l'interrompre.

Mais si cette nature, à la fois séduisante et dominatrice, était faite pour passionner les âmes ardentes, reconnaissons qu'elle pouvait être aisément méconnue par les esprits froids et positifs. Ils la considérèrent toujours avec une surprise et une défiance qui n'excluait pas la bonne foi. Ce genre d'esprits n'a confiance que dans les hommes logiques qui ne suivent qu'une seule voie. Or, il faut reconnaître que, considérée dans l'ensemble des faits, la vie de Lacordaire impliquait une certaine contradiction. Rien n'est moins logique que d'adopter d'abord des erreurs que l'on doit répudier ensuite. Des esprits plus exacts qu'héroïques ne pouvaient d'ailleurs pas se rendre compte des crises si violentes, mais si sûres, par lesquelles Lacordaire arrivait au bien. Nous avons déjà signalé la manière soudaine dont il quittait la mauvaise voie. A peine désillusionné, il changeait brusquement de direction (1). Mais ce n'est point ainsi que procède le commun des hommes. Ne fût-ce que par amour-propre, ils mettent dans leur vie plus de transition et nous jugent d'après eux-mêmes. En voyant Lacordaire s'engager avec ardeur dans les questions politiques, on s'attendait à ce qu'il s'y enfonçât profondément ; mais, tandis qu'on devançait ainsi par l'imagination les résultats probables, Lacordaire changeait tout à coup de but, laissant l'opinion le dépasser par une espèce de vitesse acquise, *et le chercher là où il n'était déjà plus* (2). Comment aurait-on pu soupçonner ce résultat ? com-

(1) Montalembert, 171.
(2) Lettre à Mme de la Tour du Pin, du 17 décembre 1839.

ment croire que cette volonté dominatrice fût capable
de s'ensevelir dans un abîme de soumission, comme un
fleuve impétueux dont le lit s'ouvrirait tout à coup
pour l'engloutir. L'esprit public était donc déconcerté.
Dans sa déception, il cherchait à cette conduite toutes
les explications excepté la vraie, car la vraie était la
moins vraisemblable. On expliquait tout par la versa-
lité. Pour rassurer les défiances., il aurait fallu donner
la certitude que les brusques revirements, par lesquels
Lacordaire passait de la voie dangereuse dans la voie
sûre, ne se reproduiraient jamais en sens inverse.
Mais de cela nul n'osait jurer.

Si Lacordaire a été méconnu, Dieu a donné à quelques âmes d'élite de le comprendre, et ces affections ont
exercé sur sa vie une influence telle qu'il ne serait pas
suffisamment connu, si nous ne terminions ces lignes par
l'analyse de ces grandes amitiés que l'on pourrait
presque dire historiques. On a pressenti les noms
de Mme Swetchine et de M. le comte de Montalembert.

(1) Dieu se plaît parfois aux coups d'État. Pendant
les jours les plus sceptiques du siècle dernier, au fond
de la Russie, au cœur du schisme et de l'oppression,
dans une atmosphère d'impiété, de débauche, de
sang, vint éclore une fleur délicate empreinte de tous
les parfums du bien, une rose sur un abîme. A peine
née, madame Swetchine s'élança vers le ciel et gran-
dit avec les obstacles, éprouvant le feu de la charité
sous la glace des cours, arrivant à la foi par le seul
essor de sa pensée solitaire. Transportée de ce centre

____

(1) Madame Swetchine est née à Saint-Pétersbourg le 22 novembre
1782 et a vécu à la cour de Russie jusqu'en 1814, époque ou elle vint
habiter Paris qu'elle ne quitta plus. C'est pendant son séjour à Péters-
bourg qu'éclairée par ses seules recherches elle se convertit au
au catholicisme. Madame Swetchine connut et accueillit Lacordaire
en 1832, au moment de ses plus douloureuses déceptions.

de l'oppression dans le milieu de la licence, de Peters-
bourg à Paris, elle discerna dans les aberrations de la
liberté, le côté divin de la liberté, le respect du pouvoir sur les ruines de deux trônes. En passant comme
saint Paul, de l'enfer au troisième ciel, madame
Swetchine avait acquis dans la contemplation divine
cette force fixe que rien n'étonne.

Alors commença son apostolat, l'apostolat des salons.
Voiler la sainteté d'élégance, la force de douceur, la
profondeur de simplicité, les souffrances physiques
d'un sourire, attirer les misères splendides par les
séductions de la splendeur, tel fut le piége de sa charité. Dans un milieu de rivalités et de passions, plaire
sans s'imposer, attirer les épanchements sans les
poursuivre, deviner les blessures d'un coup d'œil,
y toucher sans peser, captiver la souffrance moins en
lui parlant qu'en l'écoutant, et quand venait le
mauvais penser, se déployer toute entière pour
défendre l'œuvre de Dieu, ce fut sa vie. Jamais le
bien ne sut mieux envelopper sa force d'humilité, de
passivité. Impassible au milieu de l'émotion des
partis, madame Swetchine semblait, comme la
sagesse incréée, vivre en tout et ne se montrer
en rien ; comprendre toutes les fautes, apprécier toutes
les opinions, se multiplier sur la terre sans quitter la
région sereine qu'elle avait trouvée au sein de Dieu.

Quelle étoile pour le ciel orageux de Lacordaire ?

Initiée aux mystères de l'égoïsme, aux détours de
l'orgueil, elle goûta sa naïveté. Ses rêves et ses repentirs trouvèrent une place toute faite dans l'âme désillusionnée de la femme forte. Forte de tout ce qu'un
cœur généreux suggère de dévouement pour les natures
candides, forte de ce que l'usage de la vie donne de
grâce à la bonté, d'à-propos à la sagesse, madame

Swetchine sut séduire, apaiser, dompter le tribun. D'un infaillible coup d'œil elle avait vu l'écueil de son ami dans la violence de ses formes, la précipitation de ses premiers mouvements (1). Elle les voyait venir, les signalait d'un mot, d'un geste, d'une hésitation, d'un silence. Ce silence commandait.

Il y avait quelque chose de plus humain dans l'amitié du frère d'armes de Lacordaire, du comte de Montalembert.

Adopter pour devise la justice, pour protégé l'église, pour champ de bataille le monde parlementaire, telle fut la pensée qui, en 1830, fit descendre dans l'arène publique cette grande âme de vingt ans. Couvrir seul par sa fière attitude le désarroi de tout son parti, étonner les vainqueurs par l'audace, ramener les vaincus par la confiance, intéresser l'opinion par l'inégalité de la lutte, fut la tactique de Montalembert pendant ces premiers combats. Entouré d'ennemis, au plus fort de la mêlée, il vit Lacordaire accourir à ses côtés et partager tous ses travaux. Etonné et séduit, en contemplant cet allié *charmant et terrible*, Montalembert crut voir un frère. Dans ce premier regard s'enlacèrent leurs cœurs, et leurs deux vies n'en firent qu'une. Rêves et déceptions, ardeurs et abattements, épreuves et repentirs, luttes, victoires ou défaites, tout fut commun. Pendant vingt années chaque coup reçu frappa deux cœurs. Il n'y avait de différent que le champ de bataille, et le drapeau qu'ils servaient était le même. On se demande par instants lequel des deux était l'apologiste alors que l'un glorifiait le cloître par sa plume, l'autre par sa vie ; que l'un se donnait à l'Église, que l'autre lui

______

(1) Lettres de madame Swetchine des 18 avril 1837, 27 juillet 1837, 6 novembre 1843.
Lettre à madame Swetchine du 20 juin 1842.

vouait ses plus éloquentes paroles. Lorsque ces deux défenseurs de la foi , après avoir ensemble usé leur vie dans les mêmes combats , purent se rejoindre aux jours du repos , évoquer leurs souvenirs , se montrer leurs blessures , ils durent échanger un regard de tendresse virile qui confirmait leur première rencontre. Souffrir ensemble c'est s'aimer.

Origine du parti progressiste et croyant, cette amitié fut un fait politique. Tandis que madame Swetchine dégageait Lacordaire des entraînements humains, Montalembert l'attachait à la terre. Celui-ci fut en effet une âme essentiellement humaine, essentiellement nationale, une incarnation de tous les sentiments patriotiques, depuis l'héroïsme de l'ancienne France jusqu'aux aspirations de la France nouvelle. Homme d'action par excellence, né pour le monde et ses orages , Montalembert ne pouvait contempler la vie publique sans s'y intéresser, s'intéresser sans intervenir, aimer sans se dévouer. Esprit concret, cherchant dans les principes leur côté actif et fécond , dans le bien la justice, dans la vertu le sacrifice, dans la sagesse le devoir, ses paroles étaient des actes, ses pensées des émotions, ses désirs des passions, son éloquence l'âme tout entière. Cet ami fut le côté humain de Lacordaire, la moitié de son cœur qui tenait à la terre.

N'avais-je pas raison de dire que ces deux grandes amitiés que je viens de peindre se partageaient la mission de Lacordaire? L'une l'attirait au ciel, l'autre l'attachait à la terre, comme pour établir ensemble un lien éternel entre l'humanité et la foi. Je n'ai voulu prononcer que deux noms parmi les affections de Lacordaire, mais ceux qui ont vécu dans cette grande ombre savent quelle illustre cohorte pourrait leur être associée. Sans nommer ces nobles âmes , je me plais à les évoquer par la pensée ; car une juste part leur revient dans la vie que j'ai entrepris de louer. Toutes ont eu une influence sur cette vie. Ces jeunes amis de vingt ans , que Lacordaire honorait parfois d'épanchements si flatteurs , pensent n'avoir rien donné en échange. Qu'ils apprécient mieux la hauteur où nous place l'affection d'une grande âme. Il y a un peu de leur cœur dans chacune de ces tendresses éloquentes qui ont ému nos contemporains, que la postérité redira.

En considérant l'âme de Lacordaire j'ai dù surtout rechercher en elle les dons du médiateur entre l'Église et l'Etat, puisque tel a été son caractère dominant. Sa piété ne nous est apparue que comme un trait d'union entre la terre et le ciel. Mais si , au lieu de me placer dans cette situation intermédiaire , j'avais pu isoler les deux aspects de cette âme et la considérer exclusivement par le côté par lequel elle touchait aux choses divines, si dans l'apologiste j'avais osé retracer l'ascète et le saint, nul ne contesterait que ce génie si humain n'allât chercher sa direction au sein de Dieu. Je me contenterai de signaler ce côté de cette grande figure, car devant un profil aussi pur ma plume hésite. Il faudrait une autre bouche pour dire des choses si hautes. Ceux-là ont pu parler qui , dans la solitude du cloître , ont respiré le parfum de cette vie. Lacordaire , seul en présence de Dieu , enflammé par l'amour céleste, avide de souffrir et d'oublier la terre, est un tableau que la terre n'a point connu. Elle n'a entendu que les échos les moins puissants de cette grande voix ; et Dieu seul pourrait dire quels accents elle rendait en s'adressant à lui. Mais ces mystérieux colloques n'ont pas de traduction dans le langage des hommes ; c'est le secret du ciel.

Nous avons épuisé le côté intime de notre étude sur Lacordaire. Il nous est apparu attirant les âmes par sa nature expansive pour les ramener au sentiment du devoir. Cette double tendance ne pouvait agir sur l'esprit public qu'en se manifestant dans ses œuvres comme dans le miroir de l'homme intérieur. C'est donc sur les œuvres de Lacordaire que nous devons concentrer notre attention dans la dernière partie de ce discours.

Dévoué avant tout à sa vocation religieuse, *frère prêcheur* avant tout, c'est plutôt par la parole que par la plume que Lacordaire s'est efforcé de réconcilier la société nouvelle et la foi. L'œuvre écrite qu'il méditait dans ce dernier but n'a jamais vu le jour et l'on doit ajouter que Lacordaire fut écrivain par occasion, non par profession. Ce serait toutefois méconnaître l'unité de sa vie que de ne pas remarquer l'harmonie qui exista entre ses publications et son influence oratoire. La plupart de ses écrits eurent pour but avoué de faire place à l'apostolat du moine, soit dans sa personne, soit dans son institut. C'était bien en vue de ce résultat qu'il demandait, par un mémoire, le rétablissement en France de son ordre et qu'il écrivait la *Vie de Saint Dominique*. Celle de *Sainte Magdeleine* fut publiée pour intéresser l'opinion à l'érection d'un nouveau monastère dominicain. *L'Essai sur la philosophie de Lamennais* fut moins une œuvre métaphysique qu'une protestation contre des entraînements incompatibles avec le rôle de l'apologiste. Cette pensée domine aussi dans la *Lettre sur le Saint-Siège*. Enfin le médiateur entre l'Eglise et l'Etat se montre sans détour dans la brochure relative aux événements d'Italie. Seules, *les Lettres à un jeune homme* manifestent une intention exclusivement ascétique et l'on sait qu'elles ne furent pas terminées.

Toutes ces œuvres méritent d'attirer notre attention même au point de vue purement littéraire. On a depuis longtemps décrit les qualités de cette plume, son bonheur d'expression, son tour facile, chaleureux, naturel, clair, rapide, mais ce qui n'a peut-être pas été suffisamment mis en lumière c'est sa profonde originalité. C'est à l'essor de la force morale qu'un style doit son caractère personnel, et s'il m'est permis de dire toute ma pensée, je dirai que Lacordaire reste orateur en écrivant.

L'éloquence est la manifestation de l'émotion personnelle devenue contagieuse par la parole. D'ordinaire, l'orateur se distingue de l'écrivain en ce que, à l'influence abstraite des idées, il ajoute l'action plus concrète d'une personnalité vivante. Mais un livre peut aussi exercer ce genre d'influence. Il n'est pas nécessairement une œuvre d'érudition ou de spéculation pure. Aux pensées peuvent s'ajouter les émotions, et il est des plumes qui parlent et palpitent. C'est ainsi que Lacordaire est éloquent avec la plume. Sous son style paraît son âme entière. Ce qu'il nous suggère, ce n'est pas le recueillement et la réflexion, à la manière de l'écrivain; c'est le mouvement et l'action à l'instar de l'orateur. Il gagne plutôt qu'il ne persuade. Les *Lettres à un jeune homme* ont la physionomie d'un discours, non d'une méditation ascétique. L'émotion y devient du mouvement. La digression de la première lettre sur l'amour de Jésus-Christ (1) et la dernière pensée de la troisième ne nous paraîtraient

____

(1) V. *Correspondant*, 25 mars 1858, p. 394 et 395.

pas deplacées dans la chaire de Notre-Dame. D'autres fois c'est par la forme anecdotique ou digressive que cette plume nous charme, mais, sous cet artifice se retrouve encore un souffle puissant. Il n'y a pas jusqu'à la forme légendaire de la *Vie de Saint Dominique* qui ne laisse apparaître l'âme de l'écrivain. L'auteur a bien senti que ce récit naïf où il s'épanche lui-même tout entier triompherait mieux des préventions que toute science historique.

L'art d'écrire, chez Lacordaire, sort donc des données vulgaires. Tandis que nos écrivains contemporains poussent la réserve et la simplicité jusqu'à l'abstraction, sa plume respire le mouvement et la vie. Nos livres sont des idées, les siens des sentiments. Relisez ce petit chef-d'œuvre qu'on appelle la *Vie de Sainte Marie Madeleine*. Il n'y a là ni recherches ni preuves, mais simplement une émotion. Un homme qui, toute sa vie, a joui et souffert par le cœur et qui s'est incarné l'amour à force de le contempler, en a toujours parlé sans avoir jamais pu tout dire. Alors son regard vient à se fixer sur une vie de sainte qui ne fut qu'une longue tendresse ; et cet homme, découvrant aussitôt en elle le type de ses propres instincts, se sent pris, en la contemplant, d'une rêverie soudaine, d'une émotion filiale. Il s'incline sur ses restes et y cherche le parfum de son amour, la dernière palpitation de son cœur, comme si le temps n'avait pu tout évaporer et tout refroidir. Voilà le livre. C'est un long baiser sur une relique sacrée ; un regard ému, pénétrant, sur une âme dans laquelle l'auteur devine la sienne. Il n'a pas besoin de connaître les faits ; son cœur les devine. La vie de ceux qui aiment n'est-elle pas toujours la même ; et le temps a-t-il changé quelque chose au cœur humain ? Il faut remonter aux légendes du moyen âge pour trouver quelque chose qui soit écrit avec une aussi grande simplicité de plan , une aussi grande naïveté d'intention , une absence aussi complète d'apprêt. C'est une relique des temps passés enchâssée dans un bijou moderne. Je me plais à le redire ; ce n'est point là un livre, c'est une émotion.

Ainsi Lacordaire nous gagne avec sa plume , comme avec sa parole , par le puissant dégagement de sa personnalité. Et en ceci nous devons constater une fois de plus l'unité de sa vie. L'homme de lettres , comme l'homme de Dieu , est toujours le même homme, agissant par les mêmes procédés. L'un, comme l'autre , après nous avoir attirés par le charme de la forme, nous subjugue bientôt après par la contagion du caractère. Sous l'écrivain apparaît le croyant qui , en nous communiquant ses impressions , nous fait épouser insensiblement ses tendances , et par la sympathie nous conduit à la foi.

Mais c'est surtout dans la chaire que cette contagion morale obtenait un résultat pratique. C'est là qu'il faut montrer la méthode, personnelle à Lacordaire, de séduire pour améliorer ; et, après avoir analysé l'écrivain , il nous reste à nous appesantir sur l'orateur. Un grand fait domine et explique la carrière oratoire de Lacordaire. En lisant ses discours, on y trouve une profonde empreinte de l'esprit contemporain. Ils sont moins élevés , moins impassibles, plus humains que ne l'est d'ordinaire la parole sacrée. Mais, outre que ces épanchements ramenaient toujours au sentiment du devoir, l'action oratoire qui les interprétait plaçait à côté de la sympathie l'autorité et la domination. Elle complétait moralement l'effet du discours par un procédé dont la lecture ne peut aujourd'hui nous donner le secret. Quand ce langage, si accessible au goût du jour, passait par la bouche de Lacordaire, il y prenait une puissance de ton qui conduisait de l'amour au respect. La séduction se faisait fascination. En nous parlant de liberté Lacordaire imprimait l'obéissance. Lus, ses discours attirent; entendus, ils subjuguaient; et si la pensée en est libérale, l'action en fut profondément autoritaire. Afin de dégager ce fait nous devons analyser successivement, d'abord la composition littéraire de ces discours, ensuite leur côté oratoire, l'action.

Lacordaire ne s'adressait pas, comme les orateurs du grand siècle, à une société née dans la foi. En 1830 le doute animait l'esprit public. C'était un courant établi qu'il fallait dériver. Le premier soin devait donc être de pénétrer dans ses eaux, si mêlées qu'elles fussent, pour en déplacer le lit et la pente avant de songer à les épurer. Or, le bonheur de la vie actuelle était l'unique préoccupation du moment. Entretenir des esprits positifs de contemplation surnaturelle eût été s'exposer à n'être ni compris ni goûté. C'est pourquoi, dans les discours de notre orateur, tout respire la terre. De là ces allusions perpétuelles aux actualités politiques (1), qui viennent apporter dans l'enceinte sacrée un retentissement des bruits du monde. On dirait une de ces scènes du moyen âge où tous les intérêts de la commune se discutaient dans l'église, où l'humanité associait ses intérêts à ses croyances. Pour rétablir l'harmonie entre la terre et le ciel, Lacordaire leur montrait leur point du contact. Il rapprochait ceux qu'il voulait réconcilier. Jamais parole sacrée n'a mieux porté l'empreinte de son temps. Cette éloquence

(1) Conférences, t. ii, p. 437, 603, 641, 643; t. iii, p. 7, 19, 21, 31, 41, 145, 151, 275; t. iv, p. 182-189.

est un document historique , une date. C'est cette situation qui conduisit Lacordaire à reproduire , et, dans une certaine mesure, à épouser les idées , les goûts , les sentiments de son siècle.

Le cours de nos idées étant tourné vers la vie réelle, c'est dans le monde positif que notre esprit aime à chercher ses preuves. Le moindre fait a à nos yeux plus d'importance que la plus énergique preuve morale. C'est aussi comme un simple fait que l'orateur se prête à envisager l'église ; un fait politique, social, historique , scientifique. Dans l'ordre politique il lui apparaît comme le plus puissant élément de respect qui ait été donné à l'humanité, le plus utile contrepoids de nos entraînements démocratiques (1). En matière sociale, tandis que les rêveurs de notre temps compromettent l'ordre public en abandonnant l'homme à ses passions, l'Eglise est pour Lacordaire le centre éternel de l'éducation des âmes , le fondement de toute société civile (2). C'est encore vers l'ordre positif que l'histoire et la science moderne concentrent leurs efforts. Nos historiens s'attachent à chercher une relation nécessaire entre les événements pour les unir en une trame commune et en dégager de grandes lois qu'ils élèvent à la hauteur d'une preuve. Lacordaire s'empare de cette méthode pour nous montrer, dans la vitalité de l'Eglise (qui semble à chaque épreuve renaître de ses cendres) , non l'effet d'une loi aveugle, mais l'œuvre d'une volonté providentielle (3). Après

(1) Conférences, t. iii, p. 275, 295, 303.

(2) Conférences, t. i, p. 185, 294-311 ; t. ii, p. 20, 73, 96-100, 104, 131-138, 151-158, 168; t. iii, p. 62; t. iv, p. 47-49.

(3) Conférences, t. i, p. 37 à 44; t. iii, p. 62 à 155 ; t. iv, p. 160 à 174.

la logique de l'histoire, l'apologiste invoque la précision de la science pour seconder la partie la plus difficile de sa tâche, la transition du naturel au surnaturel. Comme la foi, la science a ses mystères, ses affirmations nécessaires, qu'elle accepte *à priori* sans en exiger la démonstration. Frappé de cette analogie, Lacordaire nous presse ou de nier la science ou d'étendre sa méthode déductive aux problèmes surnaturels (1). Ainsi l'étude de la nature extérieure est trop objective pour procéder autrement que par induction, mais cette nécessité n'est pas aussi absolue quand nous étudions les lois de notre propre vie. Là l'observation est plus subjective, le raisonnement moins conjectural, et, à l'instar de la vie morale, la vie physique tombe jusqu'à un certain point dans le domaine de la conscience. Vivre, au moral et au physique, est, dans les conditions humaines, un seul acte en deux fonctions. Les fonctions de l'âme et celles du corps ont entre elles des analogies de procédé qui subjuguent la raison et éclairent l'observation. Lacordaire trouve dans cette fraternité des deux vies une démonstration de la vie morale. L'âme est à ses yeux un organe qui emprunte au ciel sa fonction (2).

Non content de se plier aux idées de son temps, notre orateur en épouse aussi les goûts, et sa prédication fait retentir dans la chaire un écho du romantisme. Comme lui, Lacordaire emprunte son idéal au monde créé plutôt qu'à la beauté absolue, et gagne en vérité ce qu'il perd en élévation. Il idéalise tout ce qui tient à la terre, les grandes actions, les grands peuples, les grands hommes. Les républiques anti-

(1) Conférences, t. iii, p. 29, 106-108, 129-134, 187, 593-595.
(2) Conférences, t. iv, année 1854.

ques deviennent sous son pinceau des chefs-d'œuvre de sagesse et de modération, où l'histoire, dans
sa simplicité vraie, aurait quelque peine à se reconnaître. Le génie lui apparaît comme un mandataire
divin qui s'avance les yeux fixés sur le ciel. Napoléon
lui-même en vient et y retourne comme un météore.
C'est tout un monde convenu, artificiel, que sa foi ar-
dente et naïve dans le cadre du passé, de même que
l'art dramatique de 1830 laissait percer ses préoccupations politiques et sociales jusque dans des scènes du
moyen âge. A l'instar de l'école romantique, Lacordaire ambitionne pour sa forme littéraire la liberté,
la vérité et la vie. La vie, sur les ailes de l'improvisa-
tion, reparaît grâce à lui dans la chaire, comme nous
la voyons renaître à la même époque dans l'art et la
littérature. Le plan de ses discours n'est qu'un
cadre élastique ouvert aux digressions les plus
variées. Ce n'est point par des formes idéales que l'o-
rateur embellit ses créations, mais par l'intensité des
couleurs, la vivacité des descriptions. Qui de nous n'a
présent à la mémoire le tableau de la pâle figure du
débauché dans sa putréfaction vivante(1),celui de la vie
abaissée du Sardanapale moderne? Artiste et analyste
à la fois, le peintre atteint la réalité jusqu'à dépasser
la vérité C'est l'analyse d'un Balzac et la couleur d'un
Delacroix. Il y a dans les conceptions de Lacordaire
une grandeur désordonnée qui dépasse le but, et arrive
parfois de la hardiesse au mauvais goût, de la profondeur à la subtilité. Mêmes traits dans le style, qui ne
se soutient ni par la concision ni par la pureté, mais
par l'apparition d'une personnalité puissante. Le moi
paraît en tout, anime tout. Pour mieux se dégager il

(1) Conférences, t. i, p. 106.

recourt au néologisme, et emprunte au latin ces tour-
nures libres, ces points de vue vagues et compréhen-
sifs, si favorables aux conceptions étendues et indécises
des esprits artistiques. Tantôt vulgaire, tantôt élevé,
toujours pittoresque, prolixe, imagé, hardi, Lacordaire ignore les cadences sûres, les chutes contenues,
et la seule puissance qui anime cette phrase rapide en
sa longueur, c'est la vie.

Avec les idées et les goûts de son siècle, Lacordaire
épouse jusqu'à ses sentiments. Le sentiment par excellence, je dirai presque la religion de notre siècle c'est la
philanthropie. L'homme de nos philosophes ayant dé-
trôné la divinité, nous aimons les hommes comme il faudrait aimer Dieu. Lacordaire ne craint pas d'accueillir
cette méprise du cœur pour la ramener à la charité.

Il aime l'humanité avec passion. Tantôt contemplant la beauté du corps humain, il y cherche un in-
dice de nos destinées divines (1), tantôt il éclaire les
mystères du cœur humain d'un de ces mots profonds
où nous nous reconnaîtrons toujours. Ici ce sont les
tendresses de la femme qu'il analyse avec une délica-
tesse enthousiaste (2). Là il s'arrête interdit devant les
efforts de l'intelligence humaine pour atteindre la vérité:
« *Ne me troublez pas*, s'écrie-t-il, *laissez-moi tremblant devant la grandeur de l'homme. Le voilà qui touche
Dieu* (3). » Puis contemplant le cortège de douleurs
qui suit pas à pas nos triomphes, il s'attendrit : « *Te
voilà donc toujours couronné d'épines! Les siècles ne t'ont
pas changé, mon fils* (4). » Tant de souffrances lui

(1) Conférences, t. II, p. 568.
(2) Conf. t. II, p. 125, 31, 36, 40.
(3) Conf. t. III, p. 71.
(4) Conf. t. IV, p. 46.

paraissent un holocauste suffisant pour appaiser la
justice divine et il croit au grand nombre des élus (1).
Sa commisération pour nos faiblesses a je ne sais quels
procédés délicats. Pour ménager notre orgueil, en cor-
rigeant nos fautes, il feint de les partager. Il affecte
de puiser dans son propre cœur la révélation de nos
misères, et chacun, en l'écoutant, est tenté de se dire
« *lui aussi, il a donc connu cela ?* » En un mot, c'est un
immense amour pour l'espèce humaine qui déborde
dans ce cœur et défie la philanthropie de notre siècle
surprise de se voir dépassée. Lacordaire appartient à
son siècle même par la mélancolie. Ce mal étrange,
que nous avons tous savouré, dans les inquiets désirs
de Chateaubriand, les regrets impuissants de Musset,
les éclairs de doute et d'espérance de la plus virile de
nos femmes, le grand orateur l'a connu. C'était une
avidité du mieux, une inquiétude douloureuse. Ses
désirs dépassaient ses forces et il parlait du bien avec
des aspirations avides qui n'étaient jamais satisfaites.
C'est avec un véritable déchirement qu'il disait adieu
au bonheur terrestre en déroulant *l'histoire de l'homme
dans l'amour* (2). On eût dit qu'il éprouvait à la fois
la nostalgie des deux patries, celle du ciel et celle de
la terre. Lacordaire a compris les larmes ; « *Il y a des
» larmes dans tout l'univers*, disait-il, *et elles nous
» sont si naturelles qu'encore qu'elles n'eussent pas de
» cause, elles couleraient sans cause, par le seul charme
» de cette indéfinissable tristesse dont notre âme est le puits
» profond et mystérieux.* »

Dans l'oraison funèbre, l'aptitude de Lacordaire
pour les analyses du cœur imprima à son talent une

(1) Conf. t. III, p. 536.
(2) Conf., t. II, p. 260.

forme originale qui mérite d'attirer un instant notre attention. Ce qui distingue cette branche de l'éloquence sacrée, c'est qu'au lieu d'emprunter au ciel son élément d'édification, elle va le chercher sur la terre. Une âme humaine y devient le sujet d'un enseignement religieux. Nul thème ne pouvait être plus favorable aux développements d'un talent où domine la vérité et la vie. Tandis que Bossuet, contemplant ses héros des hauteurs de son génie, les affranchit des détails trop humains, Lacordaire vient poser la main sur leur cœur et en compter toutes les palpitations. Si, pour les idéaliser, il n'a pas le secours des grandes existences d'autrefois, il sait y suppléer par les tendances abstraites de l'esprit du jour. En effet, dans notre société égalitaire, le grand citoyen, qui jadis eût été un grand seigneur, ne se distingue le plus souvent que par la simplicité ; mais tandis que son profil perd ainsi toute valeur plastique, il acquiert en même temps plus d'importance dans l'ordre moral. Nous nous préoccupons moins de ce que les hommes ont été, davantage de ce qu'ils ont fait. De là résulte qu'une vie simple et cachée peut revêtir à nos yeux le caractère le plus idéal. C'est ce que nous constatons dans l'éloge de Drouot.

Au point de vue de l'art, la vie du général Drouot se présentait dans les plus difficiles conditions. Sa figure modeste était entourée de profils éclatants, qui pouvaient l'amoindrir. Mais l'orateur comprit que dans notre temps plus critique qu'héroïque il était possible d'écarter cet entourage brillant et de voir le bien au travers du beau. C'est pourquoi il adopta une méthode opposée aux principes vulgaires de l'art. Il dépouilla à dessein son héros pour le faire ressortir par la simplicité du devoir sur l'éclat et le tumulte de la gloire. Sa figure nous apparaît dans ce discours comme une pure lumière, sans ombres, ni traits, qui brille précisément par son contraste avec les lignes heurtées, les couleurs éclatantes des accessoires du tableau. Parvenu à la fin de sa carrière, le héros ne semble pas inférieur par la valeur morale à l'Empereur lui-même, et l'on doute de quel côté est la plus sérieuse grandeur. Si l'imagination est plus vivement frappée par la scène mélancolique où le génie expire dans l'abandon, la raison et la droiture s'émeuvent en contemplant la mort du juste, qui, indifférent aux mirages de la gloire, s'est laissé prendre aux séductions de la fidélité ; qui n'a ambitionné les honneurs que lorsqu'ils étaient un danger. Drouot est retourné à la vie obscure comme on parvient au succès, après l'avoir rêvé, sollicité. Il a convoité l'ombre comme son maître convoitait l'éclat.

Mais ce point de vue n'est pas le seul où s'inspira notre orateur. De nos jours ce ne sont pas seulement les grandes œuvres que nous plaçons au-dessus des grands hommes, ce sont aussi les grandes idées. Depuis cent ans la pensée humaine a fait un pas immense. Au xviie siècle, les fractions de l'humanité restaient encore isolées dans leur progrès ; mais depuis lors, les hommes se sont rapprochés et unis dans le bien comme dans le mal. De grandes secousses morales, de vastes courants intellectuels se transmettent d'un hémisphère à l'autre, et les grands hommes servent d'organes à ces mouvements collectifs. Lacordaire a compris que ces flots gigantesques qui depuis un siècle passent sur l'humanité pour la couvrir de ruines et de germes féconds, étaient pour ceux qui les dirigeaient un piédestal autrement glorieux que les mérites de la naissance, de l'empire ou même du génie. C'est ce que l'orateur a montré dans la vie de Daniel O'Connell. Détournant ses regards des détails qui auraient pu amoin-

drir l'homme, Lacordaire l'a placé sur les hauteurs
des révolutions humaines. O'Connell n'est pas à ses
yeux un grand citoyen irlandais, c'est le champion
de la liberté de conscience, le héros de la justice universelle qui triomphe sans violence par la seule force
du droit et de l'opinion. Son œuvre c'est l'avenir du
monde. Le simple mortel devient ainsi l'expression
des plus profondes pensées qui aient jamais agité l'esprit de Lacordaire. En constatant que le libérateur de
l'Irlande ne sépara jamais l'affranchissement des âmes
de celui des citoyens, l'orateur dégage cette thèse,
encore contestée de nos jours, que l'amour de l'humanité fait partie de l'amour de Dieu, que l'Eglise
féconde la vie publique aussi bien que la vie morale.

Tel est, en résumé le jour sous lequel je tenais à
placer les oraisons funèbres de Lacordaire. Vous voyez
combien son génie, profondément social, a su venir au
secours de l'artiste pour lui donner une élévation singulière. Dernier venu dans la lignée des panégyristes,
il a tiré un merveilleux parti de ce bénéfice du temps.
Dans sa bouche l'oraison funèbre est une page de
l'histoire universelle continuée du passé dans l'avenir.

Nous avons maintenant sous les yeux les divers éléments de l'œuvre oratoire de Lacordaire. Mais ce qui
manque à leur interprétation, c'est la parole puissante
qui les animait. Ceux qui ont pu l'entendre demeurent
unanimes pour reconnaître que, malgré sa valeur littéraire trop méconnue, sur le papier cette œuvre est
un beau corps sans vie. L'action en était l'âme.
Par elle, cette éloquence qui est couchée passive
dans le livre, et se laisse juger, admirer ou méconnaître, cette éloquence se dressait et, comme la tête de
Méduse, ne se laissait pas regarder en face. Comment
faire revivre ce passé, comment saisir cet éclair au

passage ? Et pourtant il le faut ; car là était la magie de l'enchanteur. Recherchons donc quel était le secret qui , suivant son expression , *lui faisait dans les cœurs un asile inviolable*. Analysons chaque détail de cette action.

Si l'art oratoire a ses convenances locales, il est vrai de dire que Lacordaire était l'orateur des grandes assemblées. Il leur offrait ce mélange d'originalité et de puissance qui maîtrise les masses. Dans la perspective de la chaire, l'ensemble dominateur de sa personne l'emportait sur les détails gracieux. De ses traits délicats on ne voyait que les grandes lignes, accentuées et sévères. L'éclair de son regard, trop pénétrant ailleurs, était là dans la note juste. Sous les plis du manteau ses formes élancées offraient plus de plénitude et de force. Il paraissait plus grand que nature. La première impression qu'il produisait était celle de la surprise et de l'intérêt que suggère un être étrange et fort. Tout la perpétuait, geste, intonation , débit, attitude générale.

Le geste était à la fois instinctif et réfléchi. Sobre au début, lent, contenu, accentué, il s'élargissait avec le sujet. C'étaient alors de grandes lignes , des angles puissants dessinés soudainement dans l'espace. Tout à coup les bras s'ouvraient en croix, ou bien ils décrivaient une vaste courbe. Une émotion profonde, sincère, inspirait, soutenait, expliquait l'effet de la ligne. Le geste avait une valeur morale. L'âme et le corps agissaient de concert. Aux instants pathétiques les mains s'agitaient par des frémissements incertains et semblaient secouer sur l'auditoire la flamme d'une torche. Je ne sais quel rayonnement partait alors de cette main, entourait cette face enthousiaste, se croisait avec l'éclair du regard , et traçait autour de la tête comme une auréole prophétique.

La voix de Lacordaire n'avait pas ces vibrations délicates et veloutées dont le charme enveloppe une petite enceinte et se perd dans une grande. Claire, incisive, presque désagréable à la première impression, mais vibrante, sonore, métallique, susceptible de force et de passion, cette voix s'échauffait par degrés, devenait frémissante, grandissait, remuait, entraînait, trouvant aux instants douloureux des vibrations poignantes comme un gémissement et un sanglot. Les défectuosités du timbre étaient promptement effacées par la puissance et la vérité du débit. Celui-ci était en harmonie avec les situations de l'âme. Martelée au début, la parole grandissait avec l'émotion, se précipitait avec le mouvement, et, arrivée au comble, s'abaissait parfois d'une façon subite comme si elle eût disparu dans un gouffre. L'articulation des derniers mots était alors si frémissante et si rapide qu'elle en devenait presque insaisissable. On aurait dit que la parole, insuffisante à suivre le vol de la pensée, se laissait emporter par elle, effleurant à peine les lèvres. En vain l'on en cherchait la trace ; le mot s'était fait mystère comme l'idée.

Rapprochez maintenant en une seule unité cet ensemble de moyens, et vous verrez apparaître une attitude oratoire composée de surprise et de force. Lacordaire attirait l'attention par l'inattendu de ses effets, l'entretenait par leur variété, éblouissait par leur éclat, déconcertait la critique par leur rapidité foudroyante. Tantôt familier et vulgaire, tantôt digressif et rêveur, tantôt expansif et pressant, tantôt brusque et hautain, tantôt menaçant et pathétique, il frappait coup sur coup sur les points les plus opposés, les plus imprévus, et, lorsque l'auditeur avait perdu la possession de soi, il le ravissait par un mouvement rapide, vertigineux, où l'on pouvait à peine le suivre et qui troublait la vue.

Mais ce serait calomnier ces artifices oratoires que de ne pas montrer leur sincère et profonde union avec les mouvements de l'âme. Le vrai secret de leur puissance était dans cette harmonie parfaite qui faisait du corps une pensée. Sous le voile transparent de la parole, la personnalité de l'orateur apparaissait, diverse, soudaine, impétueuse, comme le corps lui-même. Ce n'était pas une parole apprise ; c'était une âme. Cette âme, pour parler son langage, *rompait les digues de la chair et se jetait à corps perdu dans l'âme d'autrui.* De même qu'un rayon de lumière puissante transfigure parfois les physionomies les plus simples, de même ce rayon de passion qui déchirait tout, illuminait tout, transfigurait le corps, et portait la pensée au sublime. Je crois le voir encore ce moment solennel et terrible où le moi, impatient de jaillir, se dégageait dans sa plénitude impérieuse et vivante. Alors, tandis que la voix s'accentue, que la main secoue ses flammes, que les yeux étincèlent, que tout frémit, je ne sais quelle secousse électrique soulève toutes les puissances de l'orateur, et la crise éclate par un abaissement soudain de la voix.

Le bras bondit en avant, droit, aigu, comme un dard. La parole s'arrête suspendue.

La commotion envahit l'auditoire et se prolonge en un long frémissement. Chacun s'agite, soupire, se lève.....

Telle était la puissance de ces émotions que Lacordaire lui-même en ressentait parfois l'ébranlement. Je ne sais quel enivrement le saisissait. Il descendait de la chaire troublé comme un voyageur imprudent que le vertige aurait surpris sur quelque sommet escarpé.

Alors il regagnait sa solitude tout tremblant. On l'apercevait dans le silence du cloître, aux prises avec son émotion tumultueuse. Parfois le dernier des novices le voyait apparaître dans sa cellule solitaire, se coucher à ses pieds, les poser sur son front.....

Là il restait anéanti, soulagé.

Telle fut cette action, mélangée de calcul et d'inspiration soudaine, mais toujours profondément sincère. Assurément le grand artiste se rendait compte de la relation nécessaire qui existait entre le caractère accentué de ses attitudes et l'immense auditoire auquel elles étaient destinées. Tout n'était donc pas naïf, involontaire dans ces mouvements, mais tout était naturel. La méditation préalable n'avait pour but que d'établir une entente absolue entre l'artiste et son sujet. Quant à l'harmonie entre l'âme et le corps, elle naissait de l'émotion du moment et l'orateur savait qu'il pouvait se reposer sur elle pour lui révéler les moyens matériels. Les plus inattendus devaient être les plus sûrs. Ainsi, dans un discours sur la passion, on le vit s'identifier si vivement aux douleurs physiques du supplicié du Calvaire qu'il laissa tout à coup échapper un grand cri *que les pierres du temple durent entendre* (1). Ne serait-il pas puéril de voir de la préméditation dans de pareilles crises ? Non, l'action de Lacordaire fut une nécessité de son tempérament. Aussi le suivait-elle partout, jusque dans l'étroite enceinte du palais Mazarin, où elle ne pouvait que lui nuire ; jusque dans la solitude absolue. A Sorèze, dans les derniers temps de sa vie, il méditait d'ordinaire, avant le lever de l'aurore, un passage des Ecritures. Solitaire et perdue dans la nuit, cette voix s'échappait encore en des accents si pathétiques qu'un

(1) Lacointa, 1 janvier 1862.

ancien serviteur en surprit le secret. Il venait dans les ténèbres prêter l'oreille à ce dernier colloque du génie et de la solitude.

Et maintenant, Messieurs, arrêtons-nous. Nous avons envisagé sous ses principaux aspects une des plus étranges figures des temps modernes. Cherchons-en l'expression générale.

Dans cette vie, cette âme, ces œuvres, quelle est la pensée qui domine, si ce n'est une pensée de média-tion entre le progrès et la foi? Si on veut lui donner le nom insuffisant d'apologie, il faudra préciser que Lacordaire défendit l'Eglise non-seulement par des arguments, mais par des faits.

Il fut un apologiste pratique, et en cela il fut bien l'homme de son temps. Une loi fatale de notre nature veut que le danger se trouve toujours à côté du pro-grès. C'est dans le domaine de la vie positive que notre siècle a concentré ses succès ; c'est aussi là qu'il a le plus compromis sa foi. Son but avoué est de réaliser dans le monde le bien dont les deux siècles précédents ont dégagé les principes. Aux siècles des Descartés et des Kant succède celui des Napoléon, et l'humanité descend des hauteurs de la méditation dans l'arène de la vie active. Là elle rencontre les difficultés de l'ex-périence. Il est facile au voyageur placé sur le haut des collines de tracer d'avance sa route à travers la vallée qui se déroule sous ses yeux ; mais s'il descend dans la voie et s'y engage, alors seulement les obsta-cles apparaissent, le détournent et l'attardent. Ainsi de nous. Tandis que nos ancêtres discutaient, nous marchons, et nos erreurs ne sont pas autre chose que les difficultés du chemin. Egarés dans le dédale des faits, nous avons perdu de vue le but élevé de la vie. La passion du réel nous a rendus indifférents à l'idéal, et l'éternel honneur de Lamennais sera d'avoir le premier nommé le mal du jour, l'indifférence. L'indifférence a produit en nous l'insensibilité. N'éprouvant plus les émotions du ciel, nous en sommes venus à douter de leur existence, à les classer parmi ces aspirations puériles et naïves qui caractérisent les premiers âges de l'humanité comme l'enfance de l'individu. Croire n'a plus été à nos yeux un éternel besoin de l'âme, mais une phase de la vie du monde, phase à jamais écoulée. Contre ce mal, toute logique eût été impuissante, car ce n'est point par des raisons qu'on rend au cœur des émotions évanouies. C'est pourquoi Lacordaire adopta pour son apologie une méthode plus pratique. Il prouva la foi en la ressuscitant ; il démontra la perpétuité du sentiment religieux, par le fait matériel de sa permanence. De cette apologie nouvelle, il n'écrivit jamais la démonstration théorique, mais chaque fait de son existence en constitua le commentaire ; son livre, ce fut sa vie.

Quand la philosophie du xviiie siècle annonçait la fin du catholicisme, elle prétendait le prouver par le dépérissement de ses instituts. Le discrédit et la disparition des cloîtres étaient à ses yeux la chute des feuilles qui annonçait l'hiver ; mais lorsque le grand moine des temps modernes nous ramena la bure et lui rendit la popularité, il fallut bien reconnaître que l'arbre n'était point mort, et que cet hiver avait aussi son renouveau.

Alors que la pensée moderne ne voulait plus voir dans la foi qu'un cadavre couché dans les ombres du moyen âge, la grande voix de Lacordaire interpella ce cadavre, et tout à coup on le vit tressaillir et se dresser. Des milliers de cœurs vinrent chercher des palpitations divines au pied de cette chaire. En pré-

sence de ce spectacle, Lacordaire put dire à la raison :
Si ces hommes ne rêvent plus de Dieu, que viennent-
ils chercher ici ?

La société nouvelle croyait que le progrès était in-
compatible avec le sens chrétien. Pour prouver que
l'on pouvait être citoyen et croyant, Lacordaire fut
l'un et l'autre. La liberté l'avait, en quelque sorte,
mis au défi de produire cette œuvre ; il releva le gant
et tint parole. Son œuvre, ce fut lui-même.

Enfin, si la politique moderne dédaignait l'appui
du sentiment religieux, l'orateur lui montrait du doigt
le sombre horizon de 1848. Là, tandis que la tourmente balayait comme une feuille morte nos institutions perfectionnées, que la jeune société tremblait
sur ses bases, la vieille Église, l'institution usée, lui
offrait encore une main secourable. Elle demeurait
calme et prospère dans une atmosphère de liberté, où
la nation elle-même reconnaissait son impuissance
de vivre. Cette popularité inouïe dont jouissait la foi
jusqu'au milieu de la révolte, quelle parole l'avait
semée dans les cœurs, si ce n'est celle de l'apologiste
des temps modernes ?

Ainsi, c'est toujours par des faits que Lacordaire
nous conduisit à reconnaître qu'au sein du progrès,
l'institution divine n'avait pas été dépassée. Là fut
le côté logique de sa vie, de ses œuvres, de son éloquence.

Voilà pourquoi j'ai dit que Lacordaire était un apologiste pratique. Après 1830, l'attitude qu'il convenait
de prendre à l'encontre du progrès humain n'était
point celle de l'hostilité, mais celle de la médiation. Il
n'y avait plus à argumenter et à maudire, mais à écarter
des griefs, à apaiser des ressentiments, à éclairer des
malentendus, à attendrir des cœurs. Le mal du jour

était suffisamment connu. La rude main de Lamennais avait déchiré et mis à nu la plaie de l'indifférence ; il s'agissait de la guérir. Cette nouvelle œuvre réclamait un nouvel ouvrier ; car, si la pensée abstraite et puissante du prêtre breton avait été éminemment propre à dégager nos erreurs des nuages dont elles s'enveloppaient, il ne possédait pas, comme Lacordaire, cette nature expansive et contagieuse qui fond les glaces et pousse au repentir. Le génie de ce dernier était à la fois le complément et l'antithèse de celui de son maître; il fut le continuateur de son œuvre et l'adversaire de sa méthode.

Entre ces deux figures, il existe un lien étroit et un abîme ; elles s'expliquent par leur rapprochement.

L'esprit de Lacordaire a je ne sais quoi de rayonnant et d'ouvert ; il va au-devant des opinions adverses, les commente avec égard et les amène à s'expliquer ; sa raison attire et se donne. Celle de Lamennais domine et accable, mais ne se laisse pas approcher. Jusque dans ses confidences, quelque chose nous défend de toucher à sa pensée. Réfléchie, elle est abstraite; populaire, elle devient mystique. Alors, sentencieuse et enveloppée, un air de retraite et d'ombre l'environne. On dirait que le penseur n'a quitté sa solitude que pour y rentrer bientôt, après avoir apporté au peuple, non des épanchements, mais des oracles.

Le procédé de Lacordaire est de corriger en aimant, celui de Lamennais en humiliant. L'un s'efforce de nous attirer vers le bien et l'embellit des plus rayonnantes tendresses; l'autre tend à nous éloigner du mal et se complaît à nous en peindre la laideur ; il a le génie de l'anathème. Dégager du fond de l'âme humaine ses plus odieux sentiments pour les lui jeter à la face comme une insulte, tel est son art ; l'art de l'horrible. Ses plus délicates créations ne sont que le repoussoir de sa vision du mal. Il les condense en une pure lumière qui , projetant sa fugitive clarté sur l'abîme , n'en fait que mieux sentir les profondeurs. Sa gaîté est de l'ironie, son rire fait mal ; cette âme est faite d'ombre.

La forme de Lacordaire est essentiellement attractive. Orateur , il emprunte à sa parole un puissant moyen de conciliation. Maîtresse de son heure et de son milieu , cette parole sans apprêts sait créer une intimité pressante, épier l'instant de l'attendrissement, arracher aux cœurs enivrés des adhésions que la froide raison aurait peut-être refusées. Lamennais est maître de sa plume comme de son âme. Sa pensée, son émotion, contenues par la sagesse de la forme, ne s'échappent jamais. Dans cette langue ferme et concise, sonore sans longueurs, avare de ses dons , il y a une ardeur comprimée , une flamme étouffée qui étonne, trouble, inquiète. Sous ce tour sobre, fort , riche d'idées, riche d'images , mais condensé , profond, bouillant et contenu comme la haine , on croit sentir comme un frémissement souterrain qui trahit un volcan sous nos pieds. On se prend à trembler devant cette parole acérée, maîtresse d'elle-même, attentive et sûre, qui ajuste ses coups et vise au cœur.

Envoyé comme un messager de paix dans un siècle où règne la révolte et la violence , Lacordaire comprend la nécessité de la patience et de la soumission. Vis-à-vis de Dieu, il est tout obéissance, vis-à-vis des hommes, tout pardon. Lamennais ne sait ni pardonner, ni obéir. Dans son âme superbe , l'offense se grave et ruine à jamais l'amour. Toute autorité l'humilie, tout ordre le blesse. Pour commander il serait héroïque ; être conduit l'indigne. Le jour où la main du chef ose courber cette tête altière, elle en fait jaillir des éclairs. Alors sa fougue devient fureur, sa fierté défi. C'est à la fois la vengeance et la révolte, Dante et Luther.

C'est ainsi qu'avec moins de profondeur que Lamennais, Lacordaire a exercé sur le mouvement religieux de son temps une influence plus contagieuse et plus décisive. Par son génie expansif, il a fait mûrir les fruits que son maître avait semés. Ce dernier inspira toujours une admiration mêlée d'étonnement et de crainte. Il ne fut pas populaire. Le peuple, comme les enfants, veut que l'on vienne au-devant de lui. Il ne s'attache qu'aux caractères qui l'attirent. Pour guides il choisit les hommes dont la marche constante et ferme fait présumer une direction éclairée. Malgré ses hésitations d'un jour, Lacordaire n'a suivi qu'une voie. Lamennais a changé de drapeau. On ne put avoir foi dans son enseignement qui passait d'un pôle à l'autre de la doctrine. Il variait, il n'était pas la vérité.

Ainsi le peuple en a jugé. Dans Lacordaire, il a **vu** une grande âme qui, fidèle à Dieu, savait encore aimer les hommes. Son nom a un sens populaire. Lamennais n'a pas de nom. Fut-il un saint? l'église l'a banni; un révolutionnaire? il a condamné la révolte; un conservateur? il a tout soulevé; un philosophe? il a écrasé la raison; un tribun? il n'a pas su se faire suivre...

Pour l'opinion publique, la vie de Lacordaire est un programme; celle de Lamennais une énigme.

Nous connaissons maintenant le grand médiateur moderne entre l'Église et l'Etat, cette âme qui séduisait et maîtrisait à la fois, cette vie qui partagea nos déceptions pour nous faire partager ses espérances.

Croyez-le, messieurs, ses espérances ne sont pas trompeuses. Oui, entre le progrès et la foi il y a un trait d'union fatal qu'on ne méconnaîtra pas toujours. Certes l'antagonisme du ciel et de la terre n'est pas fini, si tant est qu'il puisse prendre fin ici-bas, mais si les passions sont irréconciliables, les principes ne le sont pas. En attendant que les âmes apaisées sachent discerner ce mystérieux lien qui tient la terre suspendue au ciel, Dieu envoie par intervalles un instant de repos aux consciences émues, et Lacordaire nous a valu une de ces trèves de Dieu. Grâce à lui, entre les blasphèmes des temps révolutionnaires et les angoisses des temps présents, nous avons vu les partis se rapprocher un instant pour tendre les bras vers le ciel, tandis que la terre tremblait sous leurs pieds. En contemplant cet accord momentané je ne puis me défendre d'un mouvement de confiance et d'espoir. J'ai foi dans une médiation qui a donné de pareils ôtages. Entre l'orage qui s'apaise et l'orage qui recommence, le nom de Lacordaire retentit à mon oreille comme une consolation et une promesse.

Au printemps, la nature ne renaît que parmi les tempêtes. Souvent entre la terre et le ciel viennent s'étendre des nuées qui assombrissent la nature et accablent le cœur. Dans cette obscurité menaçante l'œil cherche avec inquiétude un signe d'espérance. Parfois il aperçoit à l'horizon, entre deux nuages, une faible échappée du ciel, une légère ligne bleue d'où un rayon de soleil vient effleurer la terre et mêler sa paisible clarté aux sombres lueurs de la tourmente. C'est comme une oasis de lumière au sein de l'ombre ; le sourire d'une vie nouvelle qui ranime la nature et fait scintiller le feuillage humide. A ce signe de paix la voix de la foudre perd son horreur, ses flammes perdent leur éclat sinistre. Tout nous dit d'espérer.

Ainsi m'apparaît la rayonnante figure de Lacordaire entre les deux moitiés de notre ère d'épreuves. C'est un rayon de soleil entre deux orages. C'est le précurseur de la paix.

Impr. Douladoure ; Rouget frères et Delahaut, success[rs], rue St-Rome, 39.